# Kochbuch mit brutzelnden Köstlichkeiten

## 100 KÖSTLICHE UND HEISSE SIZZLER-REZEPTE

Daniela Otto

Urheberrechtliches Material ©2023

Alle Rechte vorbehalten

Kein Teil dieses Buches darf ohne die entsprechende schriftliche Zustimmung des Herausgebers und Urheberrechtsinhabers in irgendeiner Form oder auf irgendeine Weise verwendet oder übertragen werden, mit Ausnahme von kurzen Zitaten, die in einer Rezension verwendet werden. Dieses Buch sollte nicht als Ersatz für medizinische, rechtliche oder andere professionelle Beratung betrachtet werden.

# INHALTSVERZEICHNIS

**INHALTSVERZEICHNIS** ................................................................. 3

**EINFÜHRUNG** ............................................................................. 7

**VORSÄTZE** .................................................................................. 8

   1. Sizzler Knoblauch-Käse-Toast ............................................... 9

   2. Gegrillte Pepper S'mores ...................................................... 11

   3. Gegrillte Tomaten-Käse-Runden ......................................... 13

   4. Gegrillte Cajun-Okra und Mais ............................................ 15

   5. Käsebrutzeln ........................................................................... 17

   6. Sizzler Cheese Toast Copycat ............................................... 19

**SALATE UND BEILAGEN** ......................................................... 21

   7. Paprika aus dem Holzofen ................................................... 22

   8. Mit Parmaschinken umwickelter Spargel ......................... 24

   9. Scharfes und würziges Sizzler-Dressing ............................ 26

   10. Kartoffelbrutzel .................................................................... 28

   11. Brutzelnder Spinat .............................................................. 31

   12. Würziger Bohnensalat ........................................................ 33

   13. Gerösteter Blumenkohl und Brokkoli .............................. 35

   14. Kichererbsen-Poppers ........................................................ 37

   15. Mamas Mungkeimsalat ...................................................... 39

   16. Tomaten-, Gurken- und Zwiebelsalat .............................. 41

   17. Kichererbsen-Popper-Straßensalat .................................. 43

   18. Straßen-Maissalat ............................................................... 45

   19. Knuspriger Karottensalat ................................................... 47

   20. Granatapfel-Chaat .............................................................. 49

   21. Masala-Obstsalat ................................................................. 51

   22. Orangensalat ....................................................................... 53

23. Gartensalat vom Grill ......................................................................... 55

24. Gegrillter Spargel und Tomaten ........................................................ 57

25. Chilis gegrillter karibischer Salat ...................................................... 59

26. Salat mit Rucola und gegrilltem Gemüse ......................................... 62

27. Gegrillter Lamm- und Limabohnensalat............................................ 64

28. Avocado-Reis-Salat.......................................................................... 67

29. Brauner Reis und gegrilltes Gemüse ................................................ 69

30. Apfel-Mango-Salat mit gegrilltem Hähnchen .................................... 72

31. Gegrillter Hähnchen-Kichererbsen-Salat .......................................... 75

## VEGANE SIZZLERS ................................................................. 78

32. Knuspriger Tofu mit prickelnder Kapernsauce ................................. 79

33. Gegrilltes Tempeh ............................................................................ 81

34. Gegrillter Tofu mit Tamarindenglasur ............................................... 83

35. Mit Orangensaft marinierter Tofu am Spieß..................................... 85

36. Gegrillter Tofu im Café .................................................................... 87

37. Gegrillter Soja-Tofu .......................................................................... 89

38. Gegrillter Tofu mit Nerimiso.............................................................. 91

39. Tofu- und Gemüsespieße................................................................. 93

40. Indisch gewürzte Tofu-Spieße.......................................................... 95

41. Mit Tofu gefüllte Paprika auf dem Grill.............................................. 97

42. Sizzler mit scharf-saurer Sauce ..................................................... 100

## Geflügelbrutzel ............................................................... 104

43. Brutzelndes Hähnchen mit Sojahonig............................................ 105

44. Hähnchenbrutzel mit Kräutern ....................................................... 107

45. Hähnchenbrutzel ............................................................................ 110

46. Brutzelndes Hühnchen und Käse .................................................. 113

47. Hühnchen-Tandoori-BBQ............................................................... 115

48. Gegrilltes Chili-Hähnchen............................................................... 117

49. BBQ-Hähnchen und Andouille-Hash ............................................. 120

50. Hähnchen mit Balsamico-Glasur ............................................................. 123

51. Gegrilltes Hähnchen und Gemüse ......................................................... 126

52. Hähnchen mit Havanna-Sauce grillen .................................................... 128

53. Gegrilltes Hähnchenbrutzel mit Pilzsauce ............................................... 130

54. Hakka-Nudeln und gegrilltes Hähnchen-Sizzler ...................................... 134

## RINDFLEISCH .............................................................................. **138**

55. Knuspriger Schinkenbrutzel mit glasierten Pfirsichen .............................. 139

56. Texas-Sizzlers ....................................................................................... 141

57. Rindfleisch-Teriyaki .............................................................................. 143

58. 30-minütiger Lammgrill für zwei ........................................................... 145

59. Gegrillter Alligatorschwanz im Cajun-Stil .............................................. 147

60. Gegrillte Lammkeule mit Schmetterlingen ............................................. 149

61. Brutzelndes Steak mit Paprika und Zwiebeln ........................................ 151

62. Gegrilltes Trockenfleisch ...................................................................... 153

63. Gegrillte Hochrippe grillen ................................................................... 155

64. Gemischter Grill im Freien ................................................................... 157

65. Gegrillte Rindersteaks .......................................................................... 159

66. Sizzle Beef Stir-Fry ............................................................................... 161

67. Sirloin Sizzler ........................................................................................ 163

## MEERESFRÜCHTER .................................................................... **165**

68. Gemischter Meeresfrüchte-Sizzler nach Schezuan-Art ........................... 166

69. Ganzer gedämpfter Fisch mit Ingwer und Frühlingszwiebeln ................. 169

70. Gegrillte Dorade mit Fenchel ................................................................ 172

71. Mit Apfel glasierte Meeresfrüchtespieße .............................................. 174

72. Gegrillte Fischspieße ............................................................................ 176

## GEMÜSESPEISEN ........................................................................ **178**

73. Gemüsebrutzel ...................................................................................... 179

74. Chinesischer Gemüsebrutzeler .............................................................. 182

75. Peri peri Paneer brutzelnd ............................................................ 184

76. Mumbai Sizzler ................................................................................ 186

77. Auberginen und Tofu in brutzelnder Knoblauchsauce ....................... 189

78. Gemüse-Indisch-Sizzler .................................................................. 192

79. Gewürzter Tofu und Tomaten ......................................................... 195

80. Kreuzkümmel-Kartoffelhasch ......................................................... 197

81. Senfkörner-Kartoffelhasch .............................................................. 199

82. Kohl nach Punjabi-Art .................................................................... 201

83. Kohl mit Senfkörnern und Kokosnuss ............................................. 203

84. Bohnen mit Kartoffeln .................................................................... 205

85. Aubergine mit Kartoffeln ................................................................ 207

86. Masala-Rosenkohl .......................................................................... 210

87. Rüben mit Senfkörnern und Kokosnuss .......................................... 212

88. Gewürzter Spinat mit „Paneer" ....................................................... 214

89. Bockshornklee-Spinat-Kartoffeln .................................................... 217

90. Knisternde Okra ............................................................................. 219

91. Grillwurst mit würzigem Senf ......................................................... 222

92. Grillwurst und Portobello ............................................................... 224

93. Mit Champagner gegrillter Lauch ................................................... 226

94. Auf Holzkohle gegrillte Shiitakes .................................................... 228

95. Gegrilltes Konfetti-Gemüse ............................................................ 230

## NACHTISCH .................................................................... 232

96. Sizzler Fudge Brownie mit Schokoladensauce ................................ 233

97. Suji und Obst-Grill-Pudding ........................................................... 237

98. Gegrillter Bananensplit ................................................................... 239

99. Schokoladen-Brownie-Sizzler ......................................................... 241

100. Gajar Halwa und Sponge Sizzler ................................................... 244

## ABSCHLUSS ..................................................................... 246

## EINFÜHRUNG

Das moderne Leben hat sicherlich unsere inneren Köche zum Vorschein gebracht und uns dazu inspiriert, zu Hause Gerichte im Restaurantstil nachzukochen. Der neueste Trend, mit dem wir alle experimentiert haben, ist von Sizzlers im Restaurantstil inspiriert.

Wenn Sie es wissen, kennen Sie den Nervenkitzel eines schreiend heißen Brutzels.

Es ist ebenso unterhaltsam wie dramatisch, untermalt vom angenehmen Brutzeln einer Soße, die über die glühend heiße Platte gegossen wird. Ich stimme Ihnen zu, es ist nicht das einfachste Gericht, das mit einem angemessenen Aufwand beim Zusammenstellen zuzubereiten ist. Das Endergebnis ist es jedoch auf jeden Fall wert! Hier sind ein paar praktische Rezepte, die Ihnen den Einstieg in die Personalisierung Ihres eigenen Sizzlers erleichtern!

# VORSÄTZE

# 1. Sizzler Knoblauch-Käse-Toast

Ergibt: 8 Portionen

**ZUTATEN:**
- 2 Pfund Brot
- Butter
- Geriebener Parmesankäse
- Öl, zum Grillen

**ANWEISUNGEN:**
a) Beide Seiten der Brotscheiben mit Butter bestreichen.
b) Die mit Butter bestrichenen Scheiben in den geriebenen Parmesankäse (z. B. getrockneten Kraft-Parmesan) drücken.
c) Die Scheiben gut mit dem geriebenen Käse bedecken.
d) Auf einer gut geölten flachen Grillplatte oder Pfanne bei mittlerer Hitze rösten, dabei einmal wenden.
e) Überschüssiges Brot lässt sich gut einfrieren.

## 2. **Gegrillte Pepper S'mores**

Ergibt: 6 Portionen

**ZUTATEN**
- 6 ganze gegrillte Paprika; geschält
- ½ Pfund frischer Mozzarella
- Prise Salz
- 3 Teelöffel Olivenöl
- 1 Bund Rosmarin
- Eine Prise frisch gemahlenen schwarzen Pfeffer

**ANWEISUNGEN:**
a) In jede Paprika ein Stück Käse legen.
b) Zum Schluss einen kleinen Zweig Rosmarin, Salz, Pfeffer und einen halben Teelöffel Olivenöl hinzufügen. Verschließen Sie die Oberseite jeder Paprika mit dem gehackten Teil.
c) Den Grill auf mittlere bis hohe Hitze vorheizen.
d) Legen Sie die Paprika auf den Grill und grillen Sie sie 2 Minuten lang auf jeder Seite. Drehen Sie dabei mit einer Zange, bis der Käse geschmolzen ist.
e) Auf einem Teller anrichten und mit Olivenöl beträufeln, mit Salz und Pfeffer würzen und mit einem Rosmarinzweig belegen. Sofort servieren.

## 3. Gegrillte Tomaten-Käse-Runden

Ergibt: 4 Portionen

**ZUTATEN**
- 4 Segmente Brot, weiß
- 1 große Tomate, abgewischt und segmentiert
- 4 Segmente Ziegenkäse-Runden

**DRESSING**
- 2 Teelöffel Zitronensaft
- Prise Salz
- Eine Prise frisch gemahlenen Pfeffer
- Auswahl an Salatblättern
- 1 Teelöffel Essig, Balsamico
- 2 Esslöffel Olivenöl

**ANWEISUNGEN:**
a) Den Grill vorheizen.
b) Schneiden Sie mit einem runden 3-Zoll-Metallschneider vier Runden aus den Brotsegmenten und rösten Sie sie dann 1–2 Minuten lang oder bis sie goldbraun sind bei mittlerer Hitze.
c) Die Toastscheiben mit den Tomaten- und Ziegenkäsescheiben belegen und weitere 4–5 Minuten erhitzen, bis sie goldbraun sind.
d) Die Zutaten für das Dressing vermischen und die gegrillten Ziegenkäsescheiben auf einem Bett aus Salatblättern auf Serviertellern anrichten.
e) Das Dressing darüber streuen und sofort servieren.

## 4. Gegrillte Cajun-Okra und Mais

Macht: 6

**ZUTATEN**
- ¼ Tasse frischer Limettensaft
- 1 Esslöffel Cajun-Gewürz
- 1 Teelöffel abgeriebene Limettenschale
- 1 Knoblauchzehe, gehackt
- 5½ Unzen Tomatensaft
- 3 Ähren geschälten Mais, quer in Segmente schneiden
- ½ Pfund Okra
- 1 rote Paprika, in 2,5 cm große Quadrate geschnitten
- Gemüse-Kochspray

**ANWEISUNGEN:**
a) Kombinieren Sie die ersten 5 Zutaten in einer großen, robusten Plastiktüte.
b) Den Beutel mit dem Gemüse darin verschließen. 1 Stunde in den Kühlschrank stellen, dabei den Beutel nach der Hälfte der Zeit wenden.
c) Mit 6 Spießen abwechselnd Gemüse aufspießen.
d) Auf einem mit Kochspray bedeckten Grillrost 13 Minuten garen oder bis es weich ist, dabei wenden und regelmäßig mit der restlichen Marinade begießen.

## 5. Käsebrutzeln

**ZUTATEN:**
- 1 c geriebener Schweizer Käse oder 1 Tasse Cheddar-Käse
- 1/4 c zerbröckelter gekochter Speck
- 1/4 c Mayonnaise
- 1 EL Schnittlauch oder 1 Esslöffel gehackte Frühlingszwiebel
- 1/4 c gehackte schwarze Oliven
- 18 Scheiben Miniatur-Roggen-Cocktailbrot

**ANWEISUNGEN:**
a) Alle Zutaten vermischen und gut vermischen;
b) Auf Brotscheiben verteilen;
c) 10 cm vor der Hitze braten, bis der Käse schmilzt.

## 6. Sizzler Cheese Toast Nachahmer

Ergibt: 4 Scheiben

**ZUTATEN:**
- ¼ C weiche gesalzene Butter
- ¼ C geriebener italienischer Käse, Mischung aus Parmesan, Mozzarella, Asiago usw.
- 4 Scheiben dick geschnittenes Brot wie Texas-Toast

**ANWEISUNGEN:**
a) Butter und Käse in einer kleinen Schüssel vermischen.
b) Auf einer Seite des Brotes verteilen und mit der Butterseite nach unten in einer beschichteten Pfanne bei mittlerer bis niedriger Hitze garen. Kochen, bis der Käse goldbraun ist, und auf einen Teller geben. Schneiden und servieren.

## SALATE UND BEILAGEN

## 7. Paprika aus dem Holzofen

Macht: 2

**ZUTATEN:**
- 11 Unzen. Babypaprika
- 4 Esslöffel Olivenöl

Salsa Verde
- 2 Unzen. Petersilie
- 2 Unzen. Basilikum
- 1 Knoblauchzehe, gehackt
- 6 Esslöffel Olivenöl
- 2 Teelöffel Meersalz
- Saft einer halben Zitrone

**ANWEISUNGEN:**
a) Die Zutaten für die Salsa Verde in einer Küchenmaschine vermischen.
b) Stellen Sie Ihre Sizzler-Pfanne in den Ofen, um sie mit zwei Teelöffeln Olivenöl vorzuheizen.
c) Legen Sie die Paprikaschoten in den Sizzler, beträufeln Sie sie mit Olivenöl und geben Sie sie für 5 Minuten in den Ofen zurück, bis sie auf einer Seite gebräunt sind. Drehen Sie die Paprikaschoten dann um und kochen Sie sie weitere 5 Minuten lang.
d) Nehmen Sie die Paprika aus dem Ofen und streuen Sie die Salsa Verde darüber.
e) Aufschlag.

## 8. Mit Parmaschinken umwickelter Spargel

*Macht:* 2

**ZUTATEN:**
- 8 Spargelstangen
- 8 Scheiben Parmaschinken
- 2 Esslöffel Olivenöl
- 2 Esslöffel Parmesan, gerieben

**ANWEISUNGEN:**
a) Heizen Sie den Holzofen auf mittlere bis hohe Temperatur vor.
b) Blanchieren Sie die Spargelstangen in einem Topf, indem Sie sie zwei Minuten lang in leicht kochendes Wasser legen, dann herausnehmen und in Eiswasser oder unter fließendes kaltes Wasser legen.
c) Legen Sie Ihren Grizzler zum Aufwärmen in Ihren Holzofen, nachdem Sie das Olivenöl hinzugefügt haben.
d) Wickeln Sie den Rand des Parmaschinkens um die Spargelstange und rollen Sie ihn so, dass die Stange vollständig vom Schinken umschlossen ist.
e) Nehmen Sie den Grizzler aus dem Ofen und legen Sie den eingewickelten Spargel hinein.
f) Den Parmesan über den Spargel streuen und den Grizzler wieder in den Ofen stellen.
g) Pro Seite zwei Minuten grillen oder bis auf beiden Seiten Grillspuren entstehen.

## 9. Scharfes und würziges Sizzler-Dressing

Ergibt: 1 Portionen

**ZUTATEN:**
- 4 Speckscheiben, gewürfelt
- ⅓ Tasse Pace Picante Sauce
- ¼ Tasse Rotweinessig
- 2 Teelöffel Zucker

a) Den Speck in der Pfanne knusprig braten.
b) Die restlichen Zutaten hinzufügen und unter ständigem Rühren zum Kochen bringen.
c) Kurz vor dem Servieren heißes Dressing über Spinatsalate oder Tomatenscheiben träufeln.

## 10. Kartoffel-Sizzler

**ZUTATEN:**
- 2 mittelgroße Kartoffeln
- Öl zum braten
- 1 Zwiebel (gehackt)
- 3 Tomaten (Paste)
- 1 EL Ingwer-Knoblauch-Paste
- 3 EL Chili-Knoblauch-Ketchup
- 1 EL Sojasauce
- 2 EL Chili-Knoblauch-Sauce
- Salz nach Geschmack
- 1 TL rotes Chilipulver
- 1/4 Tasse Wasser
- 4-5 EL Öl
- Korianderblätter nach Bedarf
- 1 grüne Chili gehackt

**ANWEISUNGEN:**
a) Kartoffeln schälen und gut waschen
b) Schneiden Sie sie nun wie Pommes Frites und waschen Sie sie gut, um die Stärke zu entfernen.
c) Zum Frittieren Öl in einer Pfanne erhitzen.
d) Frittieren Sie sie, bis sie gut gegart sind.
e) Das Öl abseihen.
f) Geben Sie nun 3-4 EL Öl in eine Pfanne und erhitzen Sie es.
g) Gehackte Zwiebeln hinzufügen und kochen, bis sich die Farbe ändert.
h) Nun die Ingwer-Knoblauch-Paste hinzufügen und gut vermischen.
i) Nun das Tomatenmark hinzufügen, gut vermischen und eine Weile kochen lassen.
j) Rotes Chilipulver hinzufügen und gut vermischen.
k) Nun Wasser hinzufügen und gut verrühren, bis eine Art Soße entsteht.
l) Nun Salz, Sojasauce und Chilisauce hinzufügen und gut vermischen.

m) Nun Korianderblätter dazugeben und gut vermischen. Dann Chili-Knoblauch-Ketchup hinzufügen und gut vermischen.

n) Nun die Kartoffeln dazugeben, gut vermischen und ca. 2-3 Minuten kochen lassen.

o) Den Kartoffelbraten in einer Schüssel verteilen.

p) Korianderblätter und grüne Chilis darüberstreuen und heiß mit gebratenem Reis servieren.

## 11. Brutzelnder Spinat

**ZUTATEN:**
- 250 g Spinat
- 2 EL Besan
- 4 aalo
- 3 Zwiebeln
- je nach Geschmack Salz
- Nach Bedarf Rote Chilischote
- nach Bedarf Mangopulver
- je nach Bedarf Öl

**ANWEISUNGEN:**
a) Öl in eine Pfanne geben und erhitzen.
b) Nun Spinat, Kartoffel, Zwiebel, Salz, Chili, Mangopulver vermischen.
c) Machen Sie nun den Teig und geben Sie ihm eine knusprige Form. Braten Sie es. Es ist fertig.

## 12. Würziger Bohnensalat

Ergibt: 5 TASSEN (1,19 L)

**ZUTATEN:**
- 4 Tassen gekochte Bohnen (oder 2 Dosen (426 g), abgetropft und abgespült)
- 1 mittelgroße Kartoffel, gekocht und gewürfelt
- ½ mittelgroße rote Zwiebel, geschält und gewürfelt
- 1 mittelgroße Tomate, gewürfelt
- 1 Stück Ingwerwurzel, geschält und gerieben oder gehackt
- 2–3 grüne Thai-, Serrano- oder Cayennepfeffer-Chilis, gehackt
- Saft von 1 Zitrone
- 1 Teelöffel schwarzes Salz
- 1 Teelöffel Chaat Masala
- ½ Teelöffel grobes Meersalz
- ½-1 Teelöffel rotes Chilipulver oder Cayennepfeffer
- ¼ Tasse (4 g) gehackter frischer Koriander
- ¼ Tasse (59 ml) Tamarinden-Dattel-Chutney

**ANWEISUNGEN:**
a) In einer großen Schüssel alle Zutaten außer dem Tamarinden-Dattel-Chutney vermischen.
b) Den Salat auf kleine Servierschüsseln verteilen und jede mit einem Esslöffel Tamarinden-Dattel-Chutney belegen.

## 13. Gerösteter Blumenkohl und Brokkoli

Ergibt: 8 TASSEN (1,90 L)

**ZUTATEN:**
- 1 großer Blumenkohlkopf, Röschen entfernt und in mundgerechte Stücke geschnitten (3 Tassen [300 g])
- 1 großer Brokkolikopf, die Röschen entfernt und in mundgerechte Stücke geschnitten (1 Tasse [100 g])
- 2 Tassen (320 g) Kirschtomaten
- 1 gehäufter Esslöffel Garam Masala
- 2 Teelöffel grobes Meersalz
- 2 Esslöffel Öl

**ANWEISUNGEN:**
a) Stellen Sie einen Ofenrost auf die höchste Position und heizen Sie den Ofen auf 220 °C (425 °F) vor. Zum leichteren Reinigen ein Backblech mit Aluminiumfolie auslegen.
b) Blumenkohl, Brokkoli und Tomaten in eine große, geräumige Schüssel geben.
c) Garam Masala, Salz und Öl hinzufügen. Vorsichtig mischen.
d) Die Mischung auf dem vorbereiteten Backblech verteilen. 30 Minuten kochen lassen, dabei nach der Hälfte der Garzeit einmal umrühren. Etwas abkühlen lassen.
e) Mit Reis, gefüllt in einer Pita, oder mit Roti oder Naan servieren.

## 14. Kichererbsen-Poppers

Ergibt: 4 TASSEN (948 ML)

**ZUTATEN:**
- 4 Tassen gekochte Kichererbsen oder 2 12-Unzen-Dosen Kichererbsen
- 1 Esslöffel Garam Masala, Chaat Masala oder Sambhar Masala
- 2 Teelöffel grobes Meersalz 2 Esslöffel Öl
- 1 Teelöffel rotes Chilipulver, Cayennepfeffer oder Paprika und etwas mehr zum Bestreuen

**ANWEISUNGEN:**

a) Stellen Sie einen Ofenrost auf die höchste Position und heizen Sie den Ofen auf 220 °C (425 °F) vor. Zum leichteren Reinigen ein Backblech mit Aluminiumfolie auslegen.

b) Lassen Sie die Kichererbsen etwa 15 Minuten lang in einem großen Sieb abtropfen, um so viel Feuchtigkeit wie möglich zu entfernen. Wenn Sie Dosen verwenden, spülen Sie diese zuerst aus.

c) In einer großen Schüssel alle Zutaten vorsichtig vermischen.

d) Ordnen Sie die gewürzten Kichererbsen in einer einzigen Schicht auf dem Backblech an.

e) 15 Minuten kochen lassen. Nehmen Sie das Blech vorsichtig aus dem Ofen, mischen Sie es vorsichtig, damit die Kichererbsen gleichmäßig garen, und kochen Sie es weitere 10 Minuten lang.

f) 15 Minuten abkühlen lassen. Mit rotem Chilipulver, Cayennepfeffer oder Paprika bestreuen.

## 15. Mamas Mungkeimsalat

Ergibt: 2 TASSEN (474 ML)

**ZUTATEN:**
- 1 Tasse (192 g) gekeimte ganze grüne Linsen
- 1 Frühlingszwiebel, gehackt
- 1 kleine Tomate, gehackt (½ Tasse [80 g])
- ½ kleine rote oder gelbe Paprika, gehackt (¼ Tasse [38 g])
- 1 kleine Gurke, geschält und gehackt
- 1 kleine Kartoffel, gekocht, geschält und gehackt
- 1 Stück Ingwerwurzel, geschält und gerieben oder gehackt
- 1–2 grüne Thai-, Serrano- oder Cayennepfeffer-Chilis, gehackt
- ¼ Tasse (4 g) gehackter frischer Koriander
- Saft einer halben Zitrone oder Limette
- ½ Teelöffel Meersalz
- ½ Teelöffel rotes Chilipulver oder Cayennepfeffer
- ½ Teelöffel Öl

**ANWEISUNGEN:**

a) Alle Zutaten vermischen und gut verrühren. Als Beilagensalat oder als schnellen, gesunden und proteinreichen Snack servieren.

b) Füllen Sie für ein schnelles Mittagessen eine Pita mit einer gehackten Avocado.

## 16. Tomaten-, Gurken- und Zwiebelsalat

Ergibt: 5 TASSEN (1,19 L)

**ZUTATEN:**
- 1 große gelbe oder rote Zwiebel, geschält und gewürfelt
- 4 mittelgroße Tomaten, gewürfelt
- 4 mittelgroße Gurken, geschält und gewürfelt
- 1–3 grüne Thai-, Serrano- oder Cayennepfeffer-Chilis, gehackt
- Saft von 2 Limetten
- ¼ Tasse (4 g) gehackter frischer Koriander
- 1 Teelöffel grobes Meersalz
- 1 Teelöffel schwarzes Salz
- 1 Teelöffel rotes Chilipulver oder Cayennepfeffer

**ANWEISUNGEN:**

a) In einer großen Schüssel alle Zutaten vermischen und gut vermischen.

b) Servieren Sie es sofort als Beilage zu jedem Gericht oder mit einer Beilage Pommes als schnelle und gesunde Salsa. Bedenken Sie, dass dieser Salat durch die Kombination aus Limette und Tomaten nicht lange haltbar ist.

## 17. Kichererbsen-Popper-Straßensalat

Ergibt: 5 TASSEN (1,19 L)

**ZUTATEN:**
- 4 Tassen (948 ml) Kichererbsen-Poppers, gekocht mit einem beliebigen Masala
- 1 mittelgelbe oder rote Zwiebel, geschält und gewürfelt
- 1 große Tomate, gewürfelt
- Saft von 2 Zitronen
- ½ Tasse (8 g) gehackter frischer Koriander
- 2–4 grüne Thai-, Serrano- oder Cayennepfeffer-Chilis, gehackt
- 1 Teelöffel grobes Meersalz
- 1 Teelöffel schwarzes Salz
- 1 Teelöffel rotes Chilipulver oder Cayennepfeffer
- 1 Teelöffel Chaat Masala
- ½ Tasse (119 ml) Minz-Chutney
- ½ Tasse (119 ml) Tamarinden-Dattel-Chutney
- 1 Tasse (237 ml) Sojajoghurt-Raita

**ANWEISUNGEN:**
a) In einer tiefen Schüssel Kichererbsen-Poppers, Zwiebeln, Tomaten, Zitronensaft, Koriander, Chilis, Meersalz, schwarzes Salz, rotes Chilipulver und Chaat Masala vermischen.
b) Verteilen Sie die Mischung auf einzelne Servierschüsseln.
c) Belegen Sie jede Schüssel mit je einem Esslöffel Minz- und Tamarinden-Dattel-Chutneys und Sojajoghurt-Raita. Sofort servieren.

## 18. Straßen-Maissalat

Ergibt: 4 TASSEN (948 ML)

**ZUTATEN:**
- 4 Ähren Mais, geschält und gereinigt
- Saft einer mittelgroßen Zitrone
- 1 Teelöffel grobes Meersalz
- 1 Teelöffel schwarzes Salz
- 1 Teelöffel Chaat Masala
- 1 Teelöffel rotes Chilipulver oder Cayennepfeffer

**ANWEISUNGEN:**

a) Den Mais rösten, bis er leicht verkohlt ist.

b) Entfernen Sie die Körner vom Mais.

c) Geben Sie die Maiskörner in eine Schüssel und vermischen Sie alle anderen Zutaten. Sofort servieren.

## 19. Knuspriger Karottensalat

Ergibt: 5 TASSEN (1,19 L)

**ZUTATEN:**
- ½ Tasse (96 g) gespaltene und gehäutete grüne Linsen
- 5 Tassen (550 g) geschälte und geriebene Karotten
- 1 mittelgroßer Daikon, geschält und gerieben
- ¼ Tasse (40 g) rohe Erdnüsse, trocken geröstet
- ¼ Tasse (4 g) gehackter frischer Koriander
- Saft einer mittelgroßen Zitrone
- 2 Teelöffel grobes Meersalz
- ½ Teelöffel rotes Chilipulver oder Cayennepfeffer
- 1 Esslöffel Öl
- 1 gehäufter Teelöffel schwarze Senfkörner
- 6–7 Curryblätter, grob gehackt
- 1–2 grüne Thai-, Serrano- oder Cayennepfeffer-Chilis, gehackt

**ANWEISUNGEN:**

a) Die Linsen 20 bis 25 Minuten in kochendem Wasser einweichen, bis sie al dente sind. Abfluss.

b) Geben Sie die Karotten und den Daikon in eine tiefe Schüssel.

c) Die abgetropften Linsen, Erdnüsse, Koriander, Zitronensaft, Salz und rotes Chilipulver hinzufügen.

d) In einer flachen, schweren Pfanne das Öl bei mittlerer bis hoher Hitze erhitzen.

e) Die Senfkörner hinzufügen. Decken Sie die Pfanne ab (damit sie nicht herausspringen und Sie verbrennen) und kochen Sie etwa 30 Sekunden lang, bis die Kerne brutzeln.

f) Curryblätter und grüne Chilis vorsichtig hinzufügen.

g) Diese Mischung über den Salat gießen und gut vermischen. Sofort servieren oder vor dem Servieren im Kühlschrank aufbewahren.

## 20. Granatapfel-Chaat

Ergibt: 3 TASSEN

**ZUTATEN:**
- 2 große Granatäpfel, entkernt (3 Tassen [522 g])
- ½–1 Teelöffel schwarzes Salz

**ANWEISUNGEN:**

a) Mischen Sie die Samen mit dem schwarzen Salz.

b) Sofort genießen oder bis zu einer Woche im Kühlschrank aufbewahren.

## 21. Masala-Obstsalat

Ergibt: 9–10 TASSEN

**ZUTATEN:**
- 1 mittelreife Melone, geschält und gewürfelt (7 Tassen [1,09 kg])
- 3 mittelgroße Bananen, geschält und in Scheiben geschnitten
- 1 Tasse (100 g) kernlose Weintrauben
- 2 mittelgroße Birnen, entkernt und gewürfelt
- 2 kleine Äpfel, entkernt und gewürfelt (1 Tasse [300 g])
- Saft von 1 Zitrone oder Limette
- ½ Teelöffel grobes Meersalz
- ½ Teelöffel Chaat Masala
- ½ Teelöffel schwarzes Salz
- ½ Teelöffel rotes Chilipulver oder Cayennepfeffer

**ANWEISUNGEN:**

a) In einer großen Schüssel alle Zutaten vorsichtig vermischen.

b) Sofort auf traditionelle Streetfood-Art servieren, in kleinen Schüsseln mit Zahnstochern.

## 22. Orangensalat

Ergibt: 3½ TASSEN (830 ML)

**ZUTATEN:**
- 3 mittelgroße Orangen, geschält, entkernt und gewürfelt (3 Tassen [450 g])
- 1 kleine gelbe oder rote Zwiebel, geschält und gehackt
- 10–12 schwarze Kalamata-Oliven, entkernt und grob gehackt
- ¼ Tasse (4 g) gehackter frischer Koriander
- Saft von 2 mittelgroßen Limetten
- ½ Teelöffel grobes Meersalz
- ½ Teelöffel schwarzes Salz
- ½ Teelöffel Garam Masala
- ½ Teelöffel gemahlener schwarzer Pfeffer
- ¼ Teelöffel rotes Chilipulver oder Cayennepfeffer

**ANWEISUNGEN:**

a) Alle Zutaten vorsichtig vermischen. Vor dem Servieren mindestens 30 Minuten im Kühlschrank lagern.

## 23. Gartensalat vom Grill

Ergibt: 6 Portionen

**ZUTATEN:**

- 2 mittelgroße Tomaten, entkernt und gewürfelt
- 1 mittelgroße Zucchini, gewürfelt
- 1 Tasse gefrorener Vollkornmais, aufgetaut
- 1 kleine reife Avocado, geschält, entkernt und grob gewürfelt
- ⅓ Tasse dünn segmentierte Frühlingszwiebeln mit Spitzen
- ⅓ Tasse Pace Picante Sauce
- 2 Esslöffel Pflanzenöl
- 2 Esslöffel gewürfelter frischer Koriander oder Petersilie
- 1 Esslöffel Zitronen- oder Limettensaft
- ¾ Teelöffel Knoblauchsalz
- ¼ Teelöffel gemahlener Kreuzkümmel

**ANWEISUNGEN:**

a) Tomaten, Zucchini, Mais, Avocado und Frühlingszwiebeln in einer großen Schüssel vermischen.

b) Restliche Zutaten vermischen; gut mischen. Über die Gemüsemischung gießen; Vorsichtig mischen. 3-4 Stunden kalt stellen, dabei gelegentlich leicht umrühren.

c) Vorsichtig umrühren und gekühlt oder bei Zimmertemperatur mit zusätzlicher Pace Picante Sauce servieren.

## 24. Gegrillter Spargel und Tomaten

Ergibt: 1 Portion

**ZUTATEN:**

- 12 Unzen Spargel, getrimmt
- 6 reife Tomaten, halbiert
- 3 Esslöffel Olivenöl
- Salz und Pfeffer
- 1 Knoblauchzehe, gehackt
- 1 Esslöffel Senf
- 3 Esslöffel Balsamico-Essig
- ⅓ Tasse Olivenöl
- Salz und Pfeffer

**ANWEISUNGEN:**

a) Grillpfanne bei mäßiger bis hoher Hitze erhitzen. In einer großen Schüssel Spargel mit Olivenöl sowie Salz und Pfeffer vermischen. Tomaten in der Form mit dem restlichen Olivenöl bestreichen.
b) Spargel und Tomaten getrennt grillen, bis sie weich sind, aber nicht auseinanderfallen.
c) In einer Schüssel Knoblauch, Senf, Balsamico-Essig und Olivenöl mit einem Schneebesen oder Handmixer vermischen. Mit Salz und Pfeffer abschmecken
d) Gegrilltes Gemüse mit Vinaigrette servieren.

## 25. Chilis gegrillter karibischer Salat

Ergibt: 2 Portionen

ZUTATEN:

- ¼ Tasse Dijon-Senf
- ¼ Tasse Honig
- 1½ Esslöffel Zucker
- 1 Esslöffel Sesamöl
- 1½ Esslöffel Apfelessig
- 1½ Teelöffel Limettensaft
- 2 mittelgroße Tomaten, gewürfelt
- ½ Tasse spanische Zwiebel, gewürfelt
- 2 Teelöffel Jalapeño-Pfeffer
- 2 Teelöffel Koriander, fein gehackt
- Prise Salz
- 4 Hähnchenbrusthälften; ohne Knochen und ohne Haut
- ½ Tasse Teriyaki-Sole
- 4 Tassen Eisbergsalat, gewürfelt
- 4 Tassen grüner Blattsalat, gewürfelt
- 1 Tasse Rotkohl, gewürfelt
- 1 Dose Ananasstücke im Saft
- 10 Tortillachips

**ANWEISUNGEN:**

a) Bereiten Sie das Dressing zu, indem Sie alle Zutaten in einer kleinen Schüssel mit einem Elektromixer vermischen. Abdecken und kalt stellen.

b) Bereiten Sie den Pico de Gallo zu, indem Sie alle Zutaten in einer kleinen Schüssel vermischen. Abdecken und kalt stellen.

c) Hähnchen mindestens 2 Stunden im Teriyaki marinieren. Geben Sie das Hähnchen in den Beutel, gießen Sie die Salzlake hinein und stellen Sie das Ganze in den Kühlschrank.

d) Bereiten Sie den Grill vor oder erhitzen Sie einen Herdgrill. Grillen Sie das Hähnchen 4 bis 5 Minuten pro Seite oder länger, bis es gar ist.

e) Mischen Sie den Salat und den Kohl und teilen Sie dann das Gemüse auf zwei große Einzelportionssalatschüsseln auf.

f) Teilen Sie den Pico de Gallo auf und gießen Sie ihn in zwei gleichmäßige Portionen über das Gemüse.

g) Teilen Sie die Ananas auf und streuen Sie sie auf die Salate.

h) Brechen Sie die Tortillachips in große Stücke und streuen Sie die Hälfte auf jeden Salat.

i) Die gegrillten Hähnchenbrüste in dünne Streifen schneiden und die Hälfte der Streifen auf jedem Salat verteilen.

j) Das Dressing in 2 kleine Schälchen füllen und zu den Salaten servieren.

## 26. Rucola und gegrillter Gemüsesalat

Ergibt: 8 Portionen

## ZUTATEN:

- 1½ Tasse Olivenöl
- ¼ Tasse Zitronensaft
- ¼ Tasse Balsamico-Essig
- ¼ Tasse frische Kräuter
- 4 Spritzer Tabasco-Sauce
- Salz und Pfeffer nach Geschmack
- 2 rote Paprika; halbiert
- 3 Pflaumentomaten; halbiert
- 2 mäßige rote Zwiebeln
- 1 kleine Aubergine; Segmentiert 1/2" dick
- 10 Champignons
- 10 kleine rote Kartoffeln; gekocht
- ⅓ Tasse Olivenöl
- Salz und Pfeffer nach Geschmack
- 3 Bund Rucola; gewaschen und getrocknet
- 1 Pfund Mozzarella; dünn segmentiert
- 1 Tasse schwarze Olive; entkernt

## ANWEISUNGEN:

a) In einer mittelgroßen Schüssel Olivenöl, Zitronensaft, Essig, Kräuter, Tabasco-Sauce sowie Salz und Pfeffer vermischen; dann gut verrühren. Beiseite legen.

b) Paprika, Tomaten, Zwiebeln, Auberginen, Pilze und Kartoffeln in eine sehr große Schüssel geben. Olivenöl, Salz und Pfeffer hinzufügen; Dann gut vermischen, damit das Gemüse mit dem Öl bedeckt ist. Das Gemüse über einem mäßig heißen Feuer 4 bis 6 Minuten auf jeder Seite grillen, bis es gut gebräunt ist. Vom Grill nehmen und, sobald es abgekühlt ist, in mundgerechte Stücke schneiden.

c) Machen Sie ein Bett aus Rucola auf einer großen, flachen Platte. Das gegrillte Gemüse auf dem Rucola anrichten, mit Mozzarella und Oliven belegen und mit dem Dressing servieren.

## 27. Gegrillter Lamm- und Limabohnensalat

Ergibt: 4 Portionen

ZUTATEN:
- 2 rote Paprika
- ¾ Tasse Olivenöl
- ¼ Tasse Balsamico-Essig
- 1 Esslöffel Knoblauch; gehackt
- ¼ Tasse Basilikum; fein gewürfelt
- Salz und Pfeffer nach Geschmack
- 1 Tasse Limabohnen; geschält
- 1 Pfund Lamm; 1/2" große Würfel
- 1 Bund Rucola; gewaschen und getrocknet
- 1 große Tomate; gewürfelt

**ANWEISUNGEN:**

a) Grillen Sie die Paprika über dem Feuer und rollen Sie sie herum, um sie gleichmäßig zu garen, bis die Schale sehr dunkel ist und Blasen aufweist. Vom Grill nehmen, in eine braune Papiertüte stecken, die Tüte verschließen und die Paprika 20 Minuten in der Tüte abkühlen lassen. Aus dem Beutel nehmen, die Schale abziehen und die Kerne und Stiele herausnehmen.

b) Geben Sie die Paprika in eine Küchenmaschine oder einen Mixer und fügen Sie bei laufendem Motor das Olivenöl in einem gleichmäßigen Strahl hinzu. Balsamico-Essig, Knoblauch und Basilikum dazugeben und vermischen.

c) Mit Salz und Pfeffer würzen und dann beiseite stellen.

d) In einem mittelgroßen Topf 2 Tassen Salzwasser zum Kochen bringen. Fügen Sie die Limabohnen hinzu und kochen Sie sie 12 bis 15 Minuten lang, bis sie zart, aber nicht matschig sind. Abgießen, in kaltes Wasser tauchen, um das Kochen zu stoppen, erneut abtropfen lassen und in eine große Schüssel geben.

e) In der Zwischenzeit das Lamm mit Salz und Pfeffer abschmecken, auf Spieße spießen und auf jeder Seite 3 bis 4 Minuten über dem Feuer grillen.

f) Vom Herd nehmen und von den Spießen lösen.

g) Lammfleisch, Rucola und Tomate in die Schüssel mit den Limabohnen geben. Rühren Sie das Dressing gut um, fügen Sie gerade genug hinzu, um die Zutaten zu befeuchten, vermischen Sie es gut und servieren Sie es.

## 28. Avocado- und Reissalat

Ergibt: 4 Portionen

ZUTATEN:

- 1 Tasse Wehani-Reis
- 3 reife Pflaumentomaten; entkernt und gewürfelt
- ¼ Tasse gewürfelte rote Zwiebel
- 1 kleiner Jalapeño-Pfeffer; entkernt und gewürfelt
- ¼ Tasse fein gewürfelter Koriander
- ¼ Tasse natives Olivenöl extra
- 1 Esslöffel Limettensaft
- ⅛ Teelöffel Selleriesamen
- Salz und Pfeffer; schmecken
- 1 reife Avocado
- Gemischtes Babygrün

**ANWEISUNGEN:**

a) Kochen Sie Wehani-Reis gemäß den ANWEISUNGEN auf der Packung

b) Zum Abkühlen auf einem Backblech verteilen.

c) In einer großen Schüssel Reis mit Tomaten, roten Zwiebeln, Jalapeño-Pfeffer und Koriander vermischen. Extra natives Olivenöl, Limettensaft und Selleriesamen hinzufügen. Mit Salz und Pfeffer würzen

d) Zum Servieren die Avocado schälen und segmentieren. Die Segmente über dem gemischten Babygrün anordnen.

e) Den Wehani-Reissalat über die Avocados geben. Nach Belieben mit gegrilltem Gemüse garnieren.

## 29. Brauner Reis und gegrilltes Gemüse

Ergibt: 6 Portionen
ZUTATEN:
- 1½ Tasse brauner Reis
- Je 4 Zucchini, der Länge nach halbiert
- 1 große rote Zwiebel, quer in 3 dicke Stücke geschnitten
- ¼ Tasse Olivenöl, plus...
- ⅓ Tasse Olivenöl
- 5 Esslöffel Sojasauce
- 3 Esslöffel Worcestershire-Sauce
- 1½ Tasse Mesquite-Holzspäne, 1 Stunde in kaltem Wasser eingeweicht
- 2 Tassen frische Maiskörner
- ⅔ Tasse frischer Orangensaft
- 1 Esslöffel frischer Zitronensaft
- ½ Tasse gewürfelte italienische Petersilie

**ANWEISUNGEN:**
a) Reis in einem großen Topf mit kochendem Salzwasser etwa 30 Minuten kochen, bis er gerade weich ist
b) Gut abtropfen lassen. Auf Raumtemperatur abkühlen lassen.
c) Mischen Sie ¼ Tasse Öl, 2 Esslöffel Sojasauce und 2 Esslöffel Worcestershire-Sauce; Übergießen Sie die Zucchini- und Zwiebelstücke in einer flachen Schüssel. 30 Minuten marinieren lassen, dabei das Gemüse einmal wenden.
d) Fertiger Grill (mittlere bis hohe Hitze). Wenn die Kohlen weiß werden, lassen Sie die Mesquite-Chips (falls verwendet) abtropfen und streuen Sie sie über die Kohlen. Sobald die Chips zu rauchen beginnen, Zwiebeln und Zucchini auf den Grill legen und mit Salz und Pfeffer würzen
e) Abdecken und kochen, bis es weich und braun ist (ca. 8 Minuten), dabei gelegentlich wenden und mit Salzlake bestreichen. Gemüse vom Grill nehmen.
f) Zwiebelsegmente vierteln und Zucchini in 2,5 cm große Stücke schneiden. In eine Portionsschale mit abgekühltem Reis und Mais geben.
g) Orangensaft, Zitronensaft, ⅓ Tasse Öl, 3 Esslöffel Sojasauce und 1 Esslöffel Worcestershire-Sauce verrühren. Gießen Sie 1 Tasse Dressing über den Salat und vermischen Sie es. Petersilie unterrühren und mit Salz und Pfeffer würzen.
h) Salat mit zusätzlichem Dressing als Beilage servieren.

## 30. Apfel-Mango-Salat mit gegrilltem Hähnchen

Ergibt: 4 Portionen

ZUTATEN:

- 2 Esslöffel Reisweinessig
- 1 Esslöffel frischer Schnittlauch; gewürfelt
- 1 Teelöffel frischer Ingwer; gerieben
- ½ Teelöffel Salz
- ¼ Teelöffel frisch gemahlener Pfeffer
- 1 Esslöffel Sonnenblumenöl
- ½ Teelöffel Salz
- ¼ Teelöffel frisch gemahlener Pfeffer
- ¼ Teelöffel Kreuzkümmel
- 1 Prise gemahlener roter Pfeffer
- 4 Ohne Knochen; Hähnchenbrusthälften ohne Haut
- Gemüse-Kochspray
- 8 Tassen gemischter Salat
- 1 große Mango; geschält und segmentiert
- 2 Golden Delicious-Äpfel; geschält, entkernt, dünn segmentiert
- ¼ Tasse Sonnenblumenkerne
- Sesamfladenbrot; (Optional)

**ANWEISUNGEN:**

a) Ingwer-Vinaigrette zubereiten: Essig, Schnittlauch, Ingwer, Salz und Pfeffer in einer kleinen Schüssel vermischen; Nach und nach Öl einrühren. Ergibt ¼ Tasse.

b) Salz, Pfeffer, Kreuzkümmel und rote Paprika in einer Tasse vermischen. Über beide Seiten des Hähnchens spritzen. Bestreichen Sie eine schwere Grillpfanne oder Gusseisenplatte leicht mit Gemüsekochspray

c) 1 bis 2 Minuten bei mäßiger bis hoher Hitze erhitzen

d) Das Hähnchen auf jeder Seite 5 bis 6 Minuten braten, bis es gar ist.

e) Gemüse, Mango und Apfelstücke mit 3 Esslöffeln Dressing vermischen. Den Salat auf 4 einzelnen Tellern anrichten.

f) Hähnchen in Stücke schneiden und gleichmäßig über das Gemüse verteilen; Den restlichen 1 Esslöffel Dressing über das Huhn spritzen. Über jeden Salat 1 Esslöffel Sonnenblumenkerne streuen.

g) Nach Belieben mit Sesamfladenbrot servieren.

## 31. Salat mit gegrilltem Hähnchen und Kichererbsen

Ergibt: 4 Portionen

**ZUTATEN:**

- 2 Esslöffel gehackter Knoblauch
- 2 Esslöffel frischer Ingwer; geschält und gerieben
- 1 Teelöffel gemahlener Kreuzkümmel
- ½ Teelöffel Salz
- ¼ Teelöffel gemahlener roter Pfeffer
- 4 enthäutete und entbeinte Hähnchenbrusthälften
- 2 Dosen (15 Unzen) Kichererbsen; abgespült und abgetropft
- ½ Tasse Naturjoghurt
- ½ Tasse Sauerrahm
- 1 Esslöffel Currypulver
- 1 Esslöffel Zitronensaft
- ½ Teelöffel Salz
- 1 rote Paprika; gewürfelt
- ¼ Tasse lila Zwiebel; gewürfelt
- 2 Jalapeño-Paprika; entkernt und gehackt
- 2 Esslöffel frischer Koriander; gewürfelt
- 2 Esslöffel frische Minze; gewürfelt
- 3 Tassen frischer Spinat; zerrissen
- 3 Tassen Rotkopfsalat; zerrissen
- 2 Esslöffel Zitronensaft
- 1 Esslöffel scharfes Curryöl

**ANWEISUNGEN:**

a) Mischen Sie die ersten 5 Zutaten; Die Hähnchenbrust von allen Seiten bespritzen.

b) Abdecken und 1 Stunde kalt stellen

c) Kichererbsen und die nächsten 10 Zutaten verrühren, abdecken und kalt stellen. Gegrilltes Hähnchen, mit Grilldeckel abgedeckt, bei mäßiger bis hoher Hitze (350° bis 400°) für 5 Minuten auf jeder Seite. In ½ Zoll dicke Segmente schneiden. Warm halten. Spinat und Salat in einer großen Schüssel vermischen.

d) Zitronensaft und Curryöl verrühren; Über das Gemüse spritzen und vorsichtig vermischen. Gleichmäßig auf 4 Portionstellern verteilen; Gleichmäßig mit Kichererbsensalat und einer segmentierten Hähnchenbrust belegen. Ergibt: 4 Portionen.

**VEGANE SIZZLERS**

## 32. Knuspriger Tofu mit prickelnder Kapernsauce

Ergibt 4 Portionen

- 1 Pfund extrafester Tofu, abgetropft, in 1/4-Zoll-Scheiben geschnitten und gepresst
- Salz und frisch gemahlener schwarzer Pfeffer
- 2 Esslöffel Olivenöl, bei Bedarf auch mehr
- 1 mittelgroße Schalotte, gehackt
- 2 Esslöffel Kapern
- 3 Esslöffel gehackte frische Petersilie
- 2 Esslöffel vegane Margarine
- Saft von 1 Zitrone

**ANWEISUNGEN:**

a) Den Ofen auf 275°F vorheizen. Den Tofu trocken tupfen und mit Salz und Pfeffer abschmecken. Geben Sie die Maisstärke in eine flache Schüssel. Den Tofu in der Maisstärke eintauchen und alle Seiten damit bestreichen.

b) In einer großen Pfanne 2 Esslöffel Öl bei mittlerer Hitze erhitzen. Fügen Sie den Tofu hinzu, bei Bedarf portionsweise, und kochen Sie ihn auf beiden Seiten etwa 4 Minuten lang goldbraun. Den gebratenen Tofu auf eine hitzebeständige Platte geben und im Ofen warm halten.

c) In derselben Pfanne den restlichen 1 Esslöffel Öl bei mittlerer Hitze erhitzen. Fügen Sie die Schalotte hinzu und kochen Sie sie etwa 3 Minuten lang, bis sie weich ist.

d) Kapern und Petersilie dazugeben und 30 Sekunden kochen lassen, dann Margarine, Zitronensaft sowie Salz und Pfeffer nach Geschmack hinzufügen und unter Rühren schmelzen und die Margarine einarbeiten.

e) Den Tofu mit Kapernsauce belegen und sofort servieren.

## 33. Gegrilltes Tempeh

Ergibt: 4 Portionen

**ZUTATEN:**
- 2 Esslöffel Sojasauce
- 1 Pfund Tempeh, in 2-Zoll-Riegel geschnitten
- 2 Esslöffel Olivenöl
- 1 mittelgroße Zwiebel, gehackt
- 1 mittelgroße rote Paprika, gehackt
- 2 Knoblauchzehen, gehackt
- 14,5-Unzen-Dosentomaten
- 2 Esslöffel dunkle Melasse
- 1 Esslöffel Zucker
- 1/2 Teelöffel Salz
- 1/4 Teelöffel gemahlener Piment
- 1/4 Teelöffel gemahlener Cayennepfeffer
- 2 Esslöffel Apfelessig
- 2 Teelöffel würziger brauner Senf

**ANWEISUNGEN:**

a) In einem Topf mit kochendem Wasser das Tempeh 30 Minuten kochen.

b) Öl in einem großen Topf bei mittlerer Hitze erhitzen und Zwiebeln, Paprika und Knoblauch 4 Minuten lang oder bis sie weich sind anbraten.

c) Mit Tomaten, Melasse, Essig, Sojasauce, Senf, Zucker, Salz, Piment und Cayennepfeffer zum Kochen bringen.

d) 20 Minuten köcheln lassen.

e) Den restlichen 1 Esslöffel Öl erhitzen und das Tempeh 10 Minuten kochen lassen oder bis das Tempeh goldbraun ist.

f) Fügen Sie so viel Soße hinzu, dass das Tempeh vollständig bedeckt ist.

g) Abdecken und 15 Minuten kochen lassen, um die Aromen zu vermischen. Sofort servieren.

## 34. Gegrillter Tofu mit Tamarindenglasur

Ergibt 4 Portionen

**ZUTATEN:**
- 2 Schalotten, gehackt
- Prise Salz
- 2 Esslöffel Olivenöl
- 1 Pfund extrafester Tofu
- 2 Knoblauchzehen, gehackt
- 2 reife Tomaten, grob gehackt
- 2 Esslöffel Ketchup
- 1/4 Tasse Wasser
- 2 Esslöffel Dijon-Senf
- 1 Esslöffel brauner Zucker
- 2 Esslöffel Tamarindenkonzentrat
- 1 Esslöffel dunkle Melasse
- 1/2 Teelöffel gemahlener Cayennepfeffer
- 1 Esslöffel geräuchertes Paprikapulver
- 2 Esslöffel Agavennektar
- 1 Esslöffel Sojasauce
- Eine Prise gemahlenen schwarzen Pfeffer

**ANWEISUNGEN:**

a) Den Tofu in 2,5 cm dicke Scheiben schneiden, mit Salz und Pfeffer abschmecken und in eine flache Backform legen.

b) Das Öl in einem großen Topf bei mittlerer Hitze erhitzen. Mit den Schalotten und dem Knoblauch 2 Minuten anbraten.

c) Die restlichen Zutaten (außer Tofu) vermischen und dann 15 Minuten auf niedriger Stufe kochen. Vom Herd nehmen und pürieren, bis eine vollkommen glatte Masse entsteht.

d) Zurück in den Topf geben und weitere 15 Minuten köcheln lassen.

e) Heizen Sie den Grill oder den Ofengrill vor.

f) Den marinierten Tofu grillen, dabei einmal wenden.

g) Den Tofu vom Grill nehmen und vor dem Servieren beide Seiten mit Tamarindensauce bestreichen.

## 35. Mit Orangensaft marinierter Tofu am Spieß

Ergibt: 4 Portionen

**ZUTATEN**
- 1 Pfund fester Tofu, halbieren und abtropfen lassen
- 16 Shiitake-Pilze
- 1 großer Daikon-Rettich
- Je 1 Kopf Pak Choi

**SOLE**
- ½ Tasse Sojasauce
- ½ Tasse Orangensaft
- 2 Esslöffel Reisessig
- 2 Esslöffel Erdnussöl
- 1 Esslöffel dunkles Sesamöl
- 2 Esslöffel frischer Ingwer, gehackt
- ¼ Teelöffel scharfes Chili, gehackt

**ZUTATEN:**
a) Alle Zutaten der Salzlake verrühren.
b) Marinieren Sie die Pilze, den Daikon und die Pak-Choy-Stängel.
c) Falten Sie die Seiten jedes Blattes zur Mitte hin und rollen Sie es von oben auf.
d) Abwechselnd Blatt, Pilze, Tofu, Daikon und Pak-Choy-Stiel auf Holzspieße stecken.
e) Grillen Sie die Spieße 12 bis 15 Minuten lang auf einem geschlossenen Grill und drehen Sie ihn dabei nach der Hälfte der Zeit, um ein gleichmäßiges Garen zu gewährleisten.

## 36. Café gegrillter Tofu

Ergibt: 4 Portionen

**ZUTATEN**
- 1 Pfund Tofu
- ¼ Tasse Tamari
- 1 Teelöffel Ingwer, frisch; gehackt
- eine Prise Pfeffer, Cayennepfeffer
- ¼ Tasse Mirin

**ANWEISUNGEN:**
a) Mirin, Tamari, Ingwer und Cayennepfeffer vermischen.
b) Tofu in der Mischung mindestens eine Stunde oder über Nacht marinieren.
c) Tofu über heißen Kohlen grillen, bis er leicht gebräunt ist.

## 37. <u>Gegrillter Soja-Tofu</u>

Ergibt: 4 Portionen

**ZUTATEN**
- 1 Pfund fester Tofu, in Stücke geschnitten
- 2 Esslöffel Sojasauce
- 1 Esslöffel verpackter brauner Zucker
- 1 Esslöffel Ketchup
- 1 Esslöffel Meerrettich
- 1 Esslöffel Apfelessig
- 1 Knoblauchzehe, gehackt

**ANWEISUNGEN:**

a) Sojasauce, braunen Zucker, Ketchup, Meerrettich, Essig und Knoblauch in einer Rührschüssel vermischen; Über den Tofu gießen und wenden, damit er gleichmäßig bedeckt ist.

b) Mindestens 1 Stunde oder bis zu 24 Stunden im Kühlschrank lagern, dabei ein- oder zweimal wenden.

c) Die Marinade erneut servieren und den Tofu auf den gefetteten Grill legen.

d) Bei mäßig hoher Hitze 3 Minuten pro Seite grillen oder bis sie braun sind, mit Marinade begießen.

## 38. Gegrillter Tofu mit Nerimiso

Ergibt: 12 Portionen

**ZUTATEN**
- 3 Esslöffel Dashi
- ½ Tasse weißes Miso
- 1 Esslöffel Zucker
- 1 Esslöffel Mirin
- 1 Eigelb
- 3 Kuchen Tofu
- 12 Zweige Kinome
- 3 Esslöffel Sesamkörner, geröstet

**ANWEISUNGEN:**
a) Dashi, Miso, Zucker und Mirin bei schwacher Hitze 20 Minuten kochen.
b) Etwas abkühlen lassen, bevor das Eigelb hinzugefügt wird. Kräftig mischen, bis eine glatte Paste entsteht.
c) Mahlen Sie die Sesamkörner und vermischen Sie sie mit einer Hälfte der Nerimiso-Mischung, lassen Sie die andere Sauce glatt.
d) Schneiden Sie jeden Tofu-Kuchen in vier Rechtecke. Verteilen Sie das Nerimiso auf einer Seite der Tofustücke, verwenden Sie dann die einfache Soße auf der Hälfte davon und die Soße mit Sesamgeschmack auf der anderen Hälfte.
e) Über Holzkohle von beiden Seiten braun und knusprig grillen.

## 39. Aufgespießter Tofu und Gemüse

Ergibt: 1 Portion

**ZUTATEN**
- 4 Frühlingszwiebeln
- 1 Block fester Tofu, in 3/4 Zoll geschnitten

**SOLE-MISCHUNG**
- 2 Teelöffel Knoblauch
- 2 Esslöffel frischer Ingwer
- 3 Esslöffel Oliven- oder Rapsöl
- ½ Tasse Sojasauce
- 2 Esslöffel brauner Zucker
- 2 Teelöffel geröstetes Sesamöl
- ¼ Teelöffel rote Chileflocken
- ⅓ Pfund Crimini- oder Shiitake-Pilze
- 1 rote Paprika
- 1 rote oder gelbe Zwiebel

**ANWEISUNGEN:**

a) Um die Salzlake zuzubereiten, zerkleinern Sie die Frühlingszwiebeln, den Knoblauch und den Ingwer in einer Küchenmaschine oder einem Mixer, bis sie fein gehackt sind.

b) Die Frühlingszwiebelmischung in etwas Öl ein bis zwei Minuten anbraten, dabei Sojasauce und Zucker unterrühren.

c) Vom Herd nehmen und etwas abkühlen lassen, bevor man Sesamöl und rote Chiliflocken hinzufügt.

d) Die Hitze reduzieren und über die Tofuwürfel gießen und mindestens 1 Stunde und bis zu 4 Stunden lang marinieren.

e) Marinierter Tofu, Pilze, Paprika und Zwiebeln am Spieß aufspießen.

f) Das Gemüse mit der restlichen Salzlake bestreichen und grillen, bis es knusprig und zart ist.

## 40. Indisch gewürzte Tofu-Spieße

Ergibt: 1 Portion

**ZUTATEN**
- 3 Packungen Tofu, in Quadrate gewürfelt
- 2 Zitronen auspressen
- Salz und Pfeffer
- 1 rote Zwiebel
- 2 Esslöffel gewürfelter Koriander
- 1 kleine Gurke; geschält
- 4 Pitabrote, leicht gegrillt
- 1 Becher Naturjoghurt
- Erdnussöl zum Braten
- 1 Esslöffel Kreuzkümmelsamen
- 1 Esslöffel Paprika
- 2 rote Chilis
- 1 kleines Stück Ingwer
- 3 Esslöffel Joghurt
- 2 Esslöffel Kurkuma
- 1 Esslöffel Garam Masala
- 1 Esslöffel Koriandersamen

**ANWEISUNGEN:**

a) Mahlen Sie alle Gewürze in einer Kaffeemühle und rühren Sie dann Joghurt, Salz und Zitronensaft unter.

b) Tofu in der Gewürzmischung marinieren und anschließend mit Bambusspießen aufspießen.

c) Rote Zwiebel und Gurke fein würfeln und mit dem Koriander vermengen. Mit Salz und Pfeffer abschmecken

d) In einer kleinen Menge Erdnussöl die Tofu-Spieße von allen Seiten anbraten.

e) Mit gegrillten Pitas, Joghurt und einer Mischung aus roten Zwiebeln servieren.

## 41. Mit Tofu gefüllte Paprika auf dem Grill

Ergibt: 4 Portionen

**ZUTAT**
- 4 große grüne Paprika
- 1 große Zwiebel; gewürfelt
- 3 Knoblauchzehen; gehackt
- 12 Unzen Tofu; zerbröckelt
- 2 Teelöffel Olivenöl; vielleicht verdreifacht
- 8 Unzen segmentierte Pilze
- 4 Roma-Tomaten
- 1 Teelöffel gehackter frischer Majoran
- ½ Teelöffel Salz; oder mehr nach Geschmack
- 1 Esslöffel Sojasauce
- 14 Unzen gedünstete Tomaten
- 1 Tasse gekochter brauner Reis
- ½ Tasse Wasser
- Frisch gemahlener schwarzer Pfeffer
- Parmesankäse oder Sauerrahm zum Garnieren
- 1 Teelöffel frischer Oregano

**ANWEISUNGEN:**
a) Erhitzen Sie den Grill auf mittlere bis hohe Stufe.
b) Paprika 5 Minuten grillen, dabei alle 2 Minuten wenden, bis sie leicht verkohlt, aber nicht zu weich sind.
c) Zwiebel, Knoblauch und Tofu in Olivenöl auf einer großen Grillplatte 4 bis 5 Minuten anbraten.
d) In einer Pfanne Pilze, Tomaten, Majoran, Salz und Oregano vermischen.
e) Sojasauce, Tomaten und Reis in eine Rührschüssel geben.
f) Gießen Sie diese Mischung in jede Paprika und drücken Sie sie vorsichtig mit einem Löffel nach unten, um mehr Platz für die Füllung zu schaffen.
g) Füllen Sie ein Viertel der restlichen Roma-Tomate oben auf jede Paprika.
h) Decken Sie die Paprika in einer Auflaufform mit der restlichen Tomatenmischung ab.
i) Mit Alufolie abdecken und Wasser und schwarzen Pfeffer hinzufügen.
j) Heizen Sie den Grill vor und kochen Sie die Paprika 20 bis 25 Minuten lang oder bis sie weich sind.
k) Die restliche Soße über die Paprika geben und servieren.

## 42. Sizzler mit scharf-saurer Soße

Macht: 2

**ZUTATEN**
**FÜR DIE SIZZLER-SAUCE**
- ⅓ Tasse Reisessig
- 1½ EL Mirin
- ¼ Tasse helle Sojasauce
- 1½ EL Maisstärke
- 2 EL Wasser
- 2 EL Sriracha oder Sambal Oelek
- 1½ TL brauner Zucker
- 1½ EL fein gehackter Ingwer
- 4 Knoblauchzehen, gehackt
- 1½ EL fein gehackte Frühlingszwiebeln
- 2 TL gehackte Kashmiri-Chiliflocken
- Eine Prise Sichuan-Pfefferkörner

**SÜSSKARTOFFELPOMMES**
- 2-3 mittelgroße Süßkartoffeln
- 1 – 2 EL Olivenöl oder Avocadoöl
- 1 – 2 EL Maismehl (nach Bedarf)
- ½ TL feines Meersalz
- guter Crack aus schwarzem Pfeffer

**FÜR DEN SIZZLER**
- 1 Tasse schwarzer oder brauner Reis
- 1 – 2 EL Sesamöl
- 2 Tassen gehacktes Gemüse nach Wahl
- Seidenfester oder extrafester Tofu
- Kohlblätter (zum Auslegen der Grillplatte)
- Butter (zum Einfetten der Grillplatte)

## ANWEISUNGEN

### Bereiten Sie die Brutzelsauce vor

a) Reisessig, Sojasauce, Mirin und Sriracha (oder Sambal Oelek) verrühren. Maismehl, Wasser und Zucker hinzufügen und kräftig verrühren, bis sich der Zucker vollständig aufgelöst hat.

b) Einen Esslöffel Öl in einer großen Pfanne erhitzen. Die gehackten Zwiebeln anbraten, bis sie glasig werden. Knoblauch, Ingwer, Pfefferkörner und gehackte Chilis hinzufügen und anbraten, bis es duftet.

c) Rezept für scharfe und saure Soße

d) Die auf Essig basierende Mischung hinzufügen und umrühren, bis die Soße eindickt.

e) Abschmecken und je nach Vorliebe anpassen (Sie können mehr Zucker hinzufügen, wenn Sie es süßer möchten; eine Prise mehr Sriracha/Sambal Oelek, wenn Sie es würziger mögen. Sie können auch einen Spritzer Wasser hinzufügen, wenn Sie es verdünnen möchten Etwas einkochen lassen, bis eine gießfähige Konsistenz entsteht. Vom Herd nehmen.

### Backen Sie die Süßkartoffel-Pommes

f) Den Backofen auf 180 °C vorheizen. Ein großes Backblech mit Backpapier auslegen und gut einfetten, damit die Pommes nicht an der Pfanne kleben bleiben.

g) Die Süßkartoffeln putzen, schälen und in die Form von Pommes Frites schneiden (ungefähr ¼ Zoll breit und ¼ Zoll dick). Stellen Sie sicher, dass sie die gleiche Größe haben (damit sie gleichmäßig backen).

h) Die Pommes in eine Rührschüssel geben. Mit Avocado- oder Olivenöl, Maismehl, Meersalz und einer Prise schwarzem Pfeffer beträufeln und vermengen, bis die Pommes leicht und gleichmäßig bedeckt sind.

i) Ordnen Sie die Pommes frites in einer einzigen Schicht an (überfüllen Sie sie nicht auf dem Backblech) und backen Sie sie etwa 20 bis 30 Minuten lang. Nehmen Sie dabei das Blech auf halber Höhe heraus und drehen Sie es, bevor Sie es wieder in den Ofen schieben, um ein gleichmäßiges Backen zu gewährleisten durch. Entfernen Sie die Pommes Frites, sobald sie knusprig und goldbraun gebacken sind. Beiseite legen.

**j) ALLES ANDERE VORBEREITEN**

k) Kochen Sie den schwarzen oder braunen Reis gemäß den Anweisungen auf der Packung.

l) Einen Esslöffel Sesamöl in einer beschichteten Pfanne erhitzen und das Gemüse langsam hinzufügen. Anbraten, bis es gar, aber mit festem Biss ist, und dann je nach Geschmack mit Salz und Pfeffer würzen.

m) Bei Zugabe von Tofu: Den restlichen Esslöffel Sesamöl in einer anderen Pfanne erhitzen. Den Tofu mit etwas Maismehl bestreichen und in der Pfanne braten, bis er auf beiden Seiten fest und goldbraun ist.

**ALLES ZUSAMMENBAUEN**

n) Fetten Sie Ihre Grillpfanne mit Butter ein und legen Sie Kohlblätter darauf, bevor Sie sie auf kleiner Flamme erhitzen. Während es aufheizt, Reis, Gemüse, gebackene Süßkartoffel-Pommes und Tofu anrichten.

o) Die Sizzler-Sauce erhitzen.

p) Sobald die Sizzler-Pfanne sengend heiß ist, gießen Sie die Sizzler-Sauce darüber. Schalten Sie das Gas aus und geben Sie etwas mehr geschmolzene Butter an den Rand der Pfanne, um ein zusätzliches Brutzeln zu erzielen.

q) Heben Sie die Pfanne vorsichtig an, stellen Sie sie auf das Holztablett und servieren Sie sie sofort.

r) das beste Sizzler-Rezept

**Geflügelbrutzel**

## 43. Brutzelndes Hähnchen mit Sojahonig

Ergibt: 4 Portionen

**ZUTATEN:**
- 200 Gramm chinesische Nudeln
- ½ Tasse Öl; (120 ml)
- ¼ Tasse geraspelte Frühlingszwiebeln; (50 g)
- ¼ Tasse geriebener Kohl; (50 g)
- ¼ Tasse geriebene Paprika; (50 g)
- ¼ Tasse geraspelte Karotte; (50 g)
- 1½ Tasse Hähnchen ohne Knochen; gekocht und zerkleinert
- 10 Milliliter Sojasauce
- 25 Milliliter Honig
- Salz nach Geschmack
- 4 grüne Chilis; fein gehackt
- 200 Gramm Nudeln; gebraten

**ANWEISUNGEN:**

a) So bereiten Sie das Nest vor: Kochen Sie die Nudeln und lassen Sie sie abtropfen. Nehmen Sie zwei Tassen (Schüsseln) mit porösen Löchern.

b) Die Nudeln gleichmäßig zwischen die beiden Tassen verteilen. Drücken Sie darauf und tauchen Sie es in das heiße Öl. Braten, bis die Nudeln goldbraun werden.

c) Nehmen Sie die Nudeln aus dem Öl und klopfen Sie sie vorsichtig aus der Tasse. Halten Sie die becherförmigen Nester beiseite.

d) Das Öl in einer Pfanne oder einem Wok erhitzen. Frühlingszwiebel, Kohl, Paprika und Karotte hinzufügen. Gut anbraten. Das zerkleinerte Hähnchen dazugeben und anbraten, bis es gar ist. Mit Sojasauce, Honig, Salz und gehackten grünen Chilis würzen.

e) Legen Sie die gebratenen Nudeln in das Nest und legen Sie sie zusammen mit dem sautierten Hähnchen und den gebratenen Maiskölbchen und Frühlingszwiebeln auf einen heißen Grill. Heiß servieren.

## 44. Hähnchenbrutzel mit Kräutern

**ZUTATEN:**
**HÜHNCHEN-MARINADE:**
- 500 Gramm Hähnchen ohne Knochen, in Würfeln
- 1 EL Knoblauchpaste
- 1 EL Ingwerpaste
- 1/4 Tasse griechischer Naturjoghurt

**Chilipulver nach Geschmack**
- 2 EL rotes Kaschmir-Chilipulver
- 1 EL Korianderpulver
- 1 EL Kreuzkümmelpulver
- Salz nach Geschmack
- 1/4 Tasse frische Petersilie gehackt
- 1/4 Tasse frisches, gehacktes Basilikum

**ZUM SERVIEREN:**
- Gekochtes Gemüse untermischen. Etwas Zitronen- oder Limettensaft

**ANDERE:**
- Brutzelplatte
- Spieße
- Öl zum Bürsten

**ANWEISUNGEN:**

a) Hähnchenwürfel einstechen und in allen Zutaten marinieren. Etwa 7 Stunden oder über Nacht im Kühlschrank ruhen lassen.

b) Nehmen Sie das Hähnchen aus der Marinade, stecken Sie es auf Spieße und legen Sie es über eine Abtropfschale.

c) Mit Öl bestreichen. Im vorgeheizten Ofen bei ca. 210 °C 20–25 Minuten backen, bis es durchgegart und an den Rändern gebräunt ist, oder über einem Grillplatz oder einem Grill. Wenn es fast fertig ist, noch einmal mit etwas Öl bestreichen.

d) Dann alle Hähnchenstücke vom Spieß nehmen, auf einen Teller legen und beiseite stellen.

e) Bevor Sie das Hähnchen auf die Brutplatte legen, erhitzen Sie die Eisenplatte sehr stark. Legen Sie die gesamte Gemüse- und Hühnchenmischung auf den Tisch und spritzen Sie kurz vor dem Servieren etwas Wasser und Öl darauf, damit es brutzelt und raucht.

f) Nach Belieben mit weiteren frischen Kräutern garnieren und warm servieren.

## 45. Hühnchenbrutzel

**ZUTATEN:**
- 1 Tasse Hähnchenwürfel ohne Knochen

**MARINADE**
- 1 EL Sojasauce
- 1 EL Essig
- 1 EL Hühnerpulver
- 1 TL Ingwer+Knoblauchpulver (Paste)
- 1/2 TL Paprika
- 1/2 TL Backpulver

**SOSSE**
- 3 EL Ketchup
- 1 EL Chili-Knoblauch-Sauce
- 1 EL Worcestershire-Sauce
- 1 EL Honig
- 1 EL Maismehl
- 2 EL Wasser
- 1/2 TL Salz

**GEMÜSE**
- 1 Zwiebel
- 1/2 Paprika grün, gelb, rot
- Brokkoliröschen
- 2 EL Öl

**ANWEISUNGEN:**

a) Hähnchenwürfel einige Zeit mit den Marinadenzutaten marinieren. Ein paar Stunden wären gut

b) Ich verwende Gemüse aus dem Kühlschrank wie Zwiebeln, Paprika und Brokkoli. Sie können jedes Gemüse Ihrer Wahl verwenden

c) Geben Sie 2 EL Öl in die Pfanne und braten Sie das Hähnchen darin an, bis es weich ist. Fügen Sie die Zutaten für die Soße außer Maismehl hinzu. Lassen Sie die Soße gut vermischen. Maismehl mit Wasser vermischen und in die Pfanne geben. Rühren, bis eine leicht dicke Konsistenz entsteht

d) Fügen Sie Gemüsewürfel hinzu und braten Sie sie 2-3 Minuten lang, damit sie knusprig bleiben und ein Durchnässen vermeiden. Eine Brutzelplatte heiß machen. Butterwürfel hinzufügen. Lassen Sie es schmelzen und brutzeln und fügen Sie dann das Hühnchen hinzu. Brutzelnd mit gebratenem Reis servieren.

## 46. Brutzelndes Hähnchen und Käse

Macht: 2

**ZUTATEN:**
- 2 (4 Unzen) Hähnchenbrust
- 2 Esslöffel gehackter Knoblauch
- 2 Esslöffel gehackte Petersilie
- 1 Teelöffel zerstoßene rote Chilis
- ¼ Teelöffel schwarzer Pfeffer
- ¼ Teelöffel Salz
- 4 geteilte Esslöffel Olivenöl
- 1 julienierte grüne Paprika
- 1 julienierte rote Paprika
- 1 julienierte gelbe Zwiebel
- 4 Tassen gekochtes Kartoffelpüree
- ½ Tasse geriebener Chihuahua-Weißkäse
- 2 Scheiben amerikanischer Käse

**ANWEISUNGEN:**
a) Die Hähnchenbrüste gleichmäßig dick klopfen.
b) In einem Beutel mit Reißverschluss Knoblauch, Petersilie, Chilis, Pfeffer, Salz und 2 Esslöffel Olivenöl vermengen.
c) Die Hähnchenbrüste in die Marinade legen und 2–4 Stunden kühl stellen.
d) In einer gusseisernen Pfanne bei mittlerer Hitze das restliche Olivenöl erhitzen und das Hähnchen anbraten
e) Die Brüste auf jeder Seite 5 Minuten lang anbraten, bis sie eine goldbraune Farbe annehmen. Aus der Pfanne nehmen.
f) Paprika und Zwiebeln 2–3 Minuten anbraten, bis sie al dente sind. Aus der Pfanne nehmen.
g) Erhitzen Sie eine gusseiserne Pfanne auf dem Herd, bis sie sehr heiß ist. Das Kartoffelpüree in die Pfanne geben,
h) Dann den Käse, die Paprika und die Zwiebeln hinzufügen.
i) Das Hähnchen auf die Kartoffeln legen. Kochen, bis es durchgeheizt ist. Aus der heißen Pfanne servieren.

## 47. Hühnchen-Tandoori-BBQ

Ergibt: 6 Portionen

**ZUTATEN:**
- 16 Unzen Naturjoghurt
- ¼ Tasse Limettensaft
- 2 Knoblauchzehen, fein
- Gewürfelt oder gepresst
- 2 Teelöffel Salz
- ¼ Teelöffel Kurkuma
- ½ Teelöffel Koriander
- 1 Teelöffel gemahlener Kreuzkümmel
- 1½ Teelöffel gemahlener Ingwer
- ⅛ Teelöffel Cayennepfeffer
- 3 ganze Hähnchenbrust
- 1 große Zwiebel, fein gewürfelt
- 1 große grüne Paprika

**ANWEISUNGEN:**
a) Bereiten Sie heiße Kohlen vor oder erhitzen Sie den Grill 10 Minuten lang.
b) In einer großen Schüssel Joghurt, Koriander, Limette, Saft, Kreuzkümmel, Knoblauch, Ingwer, Salz, Cayennepfeffer und Kurkuma vermischen.
c) Zum Mischen umrühren. Hähnchenstücke dazugeben und verrühren. Die Mischung und das Hähnchen mit Paprika und Zwiebeln bedecken. Abdeckung. Über Nacht kalt stellen
d) Wenden und kochen, bis es fertig ist, etwa 15 bis 20 Minuten. Während des gesamten Garvorgangs mit Salzlake begießen. WALT

## 48. Gegrilltes Chili-Hähnchen

Macht: 2 oder 3

**ZUTATEN:**
- 1 Tasse Naturjoghurt
- 1 Esslöffel Zitronensaft
- ½ Tasse Zwiebeln; grob gewürfelt
- 1 Teelöffel Kreuzkümmelsamen
- 1 Teelöffel Pfefferkörner
- 1 Teelöffel Szechuan-Pfeffer
- 2 frische rote Chilis
- 2 Esslöffel Senföl
- Salz nach Geschmack
- 1½ Pfund Hähnchenbrust
- 2 Esslöffel Senföl
- 3 trockene ganze rote Paprika
- ½ Teelöffel Kurkuma
- 1 Tasse Zwiebeln; fein gewürfelt
- 1 Teelöffel Knoblauch; gehackt
- 1 Teelöffel frischer Ingwer; Fein gerieben
- 2 rote Chilis; gehackt
- 1 Teelöffel Kreuzkümmelpulver
- 1 Teelöffel Korianderpulver
- 1 Teelöffel frisch gemahlener schwarzer Pfeffer
- Salz nach Geschmack
- 1 Tasse Tomaten; gewürfelt
- 1 Tasse Hühnerbrühe
- ½ Tasse Frühlingszwiebel; in 1-Zoll-Längen schneiden

**ANWEISUNGEN:**

a) In einem Mixer Joghurt, Zitronensaft, Zwiebeln, Kreuzkümmel, Pfefferkörner, rote Chilis, Senföl und Salz vermischen. Mischen, bis eine glatte Paste entsteht.

b) Gießen Sie die Marinierpaste in einer großen Schüssel über das Hähnchen. Gut vermischen, abdecken und mindestens vier Stunden marinieren lassen.

c) Grillen Sie das marinierte Hähnchen etwa 7 Minuten lang auf einem Holzkohlegrill und drehen Sie es gelegentlich, bis es gar ist. Gegrilltes Hähnchen in 2,5 cm dicke Streifen schneiden.

d) In einem Topf bei mäßiger Hitze 2 Esslöffel Senföl erwärmen. Ganze rote Paprika trocken braten, bis sie dunkel sind. Kurkuma hinzufügen und 15 Sekunden lang rühren. Zwiebeln hinzufügen und bei mäßiger Hitze braun anbraten. Fügen Sie der Zwiebelmischung Knoblauch, Ingwer, rote Chilis, Kreuzkümmel, Koriander, schwarzen Pfeffer und Salz hinzu.

e) 30 Sekunden lang anbraten und dann Tomaten und Hühnerbrühe hinzufügen.

f) Reduzieren Sie die Hitze auf köcheln und lassen Sie die Tomaten-Zwiebel-Mischung etwa 10 Minuten lang kochen, bis sie eindickt. Gegrillte Hähnchenstreifen in die Soße geben; gut umrühren. Weitere 10 Minuten kochen lassen, um überschüssige Flüssigkeit zu verdampfen und die Hähnchenstücke mit der Soße zu überziehen. Mit Salz und Pfeffer abschmecken. Mit Frühlingszwiebeln garnieren. Mit Reis oder Roti servieren.

## 49. BBQ-Hähnchen und Andouille-Hash

Ergibt: 4 Portionen

**ZUTATEN:**
- 6 Unzen Hähnchenbrust
- ¼ Tasse BBQ-Sauce
- Salz und Pfeffer
- 2 Esslöffel Olivenöl
- 2 Tassen gewürfelte gekochte Kartoffeln, Zollwürfel
- ¼ Tasse kleine Zwiebelwürfel
- 2 Esslöffel gehackte Schalotten
- 1 Tasse gewürfelte Andouille-Wurst
- 1 Esslöffel gehackter Knoblauch
- Pochierte Eier:
- 4 Eier
- 3 Esslöffel segmentierte Frühlingszwiebeln

**ANWEISUNGEN:**

a) Erhitzen Sie den Grill oder Griller. Das Hähnchen mit Salz und Pfeffer würzen.

b) Das Hähnchen mit der BBQ-Sauce bestreichen und die Brust vollständig damit bedecken.

c) Legen Sie das Hähnchen auf den heißen Grill oder den Grill und lassen Sie es auf jeder Seite 5–6 Minuten braten. Beiseite stellen und abkühlen lassen.

d) Für das Haschisch: In einer Anbratenpfanne das Öl erhitzen. Fügen Sie die Kartoffeln hinzu und braten Sie sie unter gelegentlichem Schütteln der Pfanne 2 Minuten lang an. Zwiebeln, Schalotten und Andouille hinzufügen und 1 Minute lang anbraten. Das BBQ-Hähnchen in kleine Würfel schneiden, zur Andouille-Mischung geben und 1 Minute anbraten. Den Knoblauch dazugeben, mit Salz und Pfeffer würzen und gelegentlich 4 Minuten lang umrühren.

e) Für pochiertes Ei: 3 Tassen Wasser mit ½ Teelöffel weißem Essig und ½ Teelöffel Salz in einem kleinen Topf bei starker Hitze zum Kochen bringen.

f) Geben Sie ein Ei in eine Tasse und lassen Sie es vorsichtig ins Wasser gleiten. Schlagen Sie ein weiteres Ei in die Tasse und schieben Sie dieses Ei ebenfalls ins Wasser, wenn das Wasser wieder kocht.

g) Wenn das Wasser wieder kocht, reduzieren Sie die Hitze auf eine niedrige Stufe und lassen Sie es etwa 2–2½ Minuten köcheln, bis die Eier fest sind. Auf Papiertüchern abtropfen lassen.

h) Meeresfrüchte-Baste: Mischen Sie ½ Tasse geschmolzene Butter, 3 Esslöffel Zitronensaft, 2 Esslöffel gehackte Petersilie und ½ Esslöffel geriebene Zitronenschale.

## 50. Hähnchen mit Balsamico-Glasur

Ergibt: 4 Portionen
**ZUTATEN:**
- 1 (3 1/2 bis 4 Pfund) Huhn
- 2 Knoblauchzehen, fein gehackt
- 4 Esslöffel gewürfelte Rosmarinblätter
- 2 Esslöffel frisch gemahlener schwarzer Pfeffer
- 1 Teelöffel Meersalz
- 3 Esslöffel natives Olivenöl
- 2 Unzen Prosciutto-Schwarte
- 2 Unzen Parmesanschale
- 2 mäßige rote Zwiebeln, segmentiert in 1-Zoll-Scheiben
- 1 Glas Lombroso
- 4 Esslöffel Balsamico-Essig
- 6 große Radicchio di Treviso
- 2 Esslöffel natives Olivenöl extra

**ANWEISUNGEN:**

a) Erhitzen Sie den Grill auf 375 Grad.

b) Hähnchen abspülen und trocken tupfen. Nehmen Sie die Innereien heraus und legen Sie sie beiseite.

c) Knoblauch, Rosmarin, Pfeffer und Meersalz hacken und mit nativem Olivenöl vermischen. Reiben Sie die Außenseite des Hähnchens rundherum mit der Rosmarinmischung ein. Legen Sie die Prosciutto- und Parmesanschalen in den Hohlraum und lassen Sie sie über Nacht im Kühlschrank ruhen.

d) Zwiebelscheiben und Innereien auf den Boden einer kleinen Bratpfanne mit starkem Boden legen. Legen Sie das Hähnchen mit der Brustseite nach oben auf die Zwiebeln. Gießen Sie ein Glas Lombroso über die Zwiebeln und reiben Sie das Huhn rundherum mit 4 Esslöffeln Balsamico-Essig ein.

e) Auf den Grill legen und 1 Stunde und 10 Minuten garen.

f) Den Radicchio der Länge nach halbieren, auf den Grill legen und auf jeder Seite 3 bis 4 Minuten grillen. Vom Grill nehmen, mit nativem Olivenöl extra bestreichen und beiseite stellen. Nehmen Sie den Vogel vom Grill und lassen Sie ihn 5 Minuten ruhen. Legen Sie das Hähnchen auf eine Tranchierplatte. Zwiebeln und Innereien zusammen mit dem Saft in eine Schüssel geben. Das Hähnchen tranchieren, mit dem restlichen Essig beträufeln und sofort servieren.

## 51. Gegrilltes Hähnchen und Gemüse

Ergibt: 1 Portion

**ZUTATEN:**
- 2 Hähnchenbrust
- 4 Gelber Kürbis
- 1 rote Paprika
- 1 grüne Paprika
- ½ Tasse ganze schwarze Oliven
- ½ Tasse Olivenöl
- 2 Teelöffel getrockneter Thymian
- ½ Tasse trockener Wermut
- 4 Knoblauchzehen
- 1 Zitrone; Saft von
- Salz und schwarzer Pfeffer

**ANWEISUNGEN:**

a) Erhitzen Sie den Grill oder Griller.

b) In einer Rührschüssel Olivenöl, Thymian, Wermut, Knoblauch und Zitronensaft verrühren. Hähnchenbrust, gelben Kürbis, rote und grüne Paprika sowie schwarze Oliven zum Gericht hinzufügen. ZUTATEN mischen: zusammen.

c) Gießen Sie die Mischung aus der Form in eine Backform aus Metall. Mit Salz und schwarzem Pfeffer würzen

d) Zum Garen auf einen heißen Grill oder unter einen Grill legen. ZUTATEN: oft umrühren. So lange kochen, bis das Hähnchen gar ist und das Gemüse zart ist.

## 52. Hähnchen mit Havanna-Sauce grillen

Ergibt: 8 Portionen

**ZUTATEN:**
- 28 Unzen Pflaumentomaten; entwässert und
- ⅓ Tasse Olivenöl
- ¼ Tasse Weißwein
- 1 Esslöffel weißer Essig
- 3 Frühlingszwiebeln; gewürfelt
- 4 Tassen Knoblauch; gehackt
- ½ Teelöffel Salz
- ½ Teelöffel Pfeffer
- 2 Teelöffel Koriander; gehackt
- 8 Huhn; Brüste, Haut re
- Gemahlener Pfeffer

**ANWEISUNGEN:**
a) Alle Zutaten für die Soße vermischen. Gut vermischen, abdecken und über Nacht im Kühlschrank lagern. Erhitzen Sie einen Außengrill und lassen Sie die Sauce auf Zimmertemperatur kommen.
b) Bespritzen Sie das Hähnchen mit Limettensaft und nach Belieben mit Salz und Pfeffer.
c) Auf den Grill legen und etwa 6 Minuten auf jeder Seite grillen, bis sie braun sind.
d) Während des gesamten Grillvorgangs das Hähnchen mit der Soße bestreichen.

## 53. Gegrilltes Hähnchenbrutzel mit Pilzsauce

**ZUTATEN:**
**FÜR PILZSAUCE**
- 1 Tasse Champignons
- 2-3 Knoblauchzehen gehackt
- 1 mittelgroße Zwiebel gehackt
- 1 Tasse Sahne
- 1 Tasse Milch
- 1 EL Olivenöl
- 1 EL Butter
- nach Bedarf Frische Kräuter
- nach Bedarf Petersilienblätter gehackt
- nach Bedarf schwarzes Pfefferpulver
- je nach Geschmack Salz

**FÜR GEGRILLTES HÄHNCHEN**
- 200 Gramm Brust ohne Knochen
- 1 TL Ingwer-Knoblauch-Paste
- Nach Bedarf schwarzes Pfefferpulver
- je nach Geschmack Salz
- 1 EL Olive

**FÜR SAUTIERTES GEMÜSE**
- 1 mittelgroße Karotte gehackt
- 5-6 Buschbohnen
- 1 kleine grüne Paprika gehackt
- 1 kleine rote Paprika gehackt
- 1 kleine gelbe Paprika gehackt
- nach Bedarf Wenige Brokkoliröschen
- 1 Zoll Ingwer gehackt
- 2-3 Knoblauchzehen gehackt
- 1 EL Olivenöl
- je nach Geschmack Schwarzes Pfefferpulver
- je nach Geschmack Salz
- 1 Limettensaft

**FÜR SPAGHETTI**
- 100 Gramm Spaghetti
- 1 EL Olivenöl
- nach Bedarf schwarzes Pfefferpulver
- Je nach Geschmack Salz

**ZUR MONTAGE**
- nach Bedarf Kohl zerkleinert
- nach Geschmack Gegrilltes Hähnchen
- nach Geschmack Pilzsoße
- nach Bedarf Spaghetti
- nach Bedarf Sautiertes Gemüse

**ANWEISUNGEN:**

a) Für die Pilzsoße Pilze schneiden. In einem Wok Olivenöl und Butter erhitzen und Pilze hinzufügen. 2-3 Minuten anbraten, bis der Pilz Feuchtigkeit verliert

b) Gehackte Zwiebeln und Knoblauch dazugeben und weitere Pilze anbraten, bis sie braun werden.

c) Sahne hinzufügen und umrühren, Salz und schwarzen Pfeffer hinzufügen und Milch hinzufügen. Gehackte Petersilie und Kräuter dazugeben, noch einmal umrühren und beiseite stellen.

d) Für gegrilltes Hähnchen: Schneiden Sie die Brust ohne Knochen in zwei Teile und tauen Sie sie mit der Rückseite des Messers auf. Etwas quer einschneiden und mit Ingwer-Knoblauch-Paste, Salz und Pfeffer bestreichen.

e) In einer Grillpfanne Olivenöl erhitzen und das Hähnchen grillen, bis es durchgegart ist, dann beiseite stellen. Das gegrillte Hähnchen vorsichtig in Scheiben schneiden

f) Für sautiertes Gemüse: Olivenöl im Wok erhitzen und das gesamte Gemüse dazugeben, gehackten Ingwer und Knoblauch, Salz und schwarzen Pfeffer hinzufügen. 2–3 Minuten anbraten. Limettensaft hinzufügen und beiseite stellen

g) Für Spaghetti: Wasser im Wok erhitzen, Salz, Pfefferpulver und 1 TL Olivenöl hinzufügen, Spaghetti hinzufügen und 7–8 Minuten kochen lassen. Abseihen und Olivenöl sowie Salz- und Pfefferpulver hinzufügen.

h) Zum Zusammenbau den Sizzler erhitzen, bis er rauchend heiß ist. Auf das Brett legen und gehackten Kohl dazugeben, Spaghetti auf eine Seite legen, sautiertes Gemüse auf die andere Seite legen. Gegrilltes Hähnchen in der Mitte und garniert mit Pilzsauce.

i) Mit gehackter Petersilie garnieren und genießen

## 54. Hakka-Nudeln und gegrilltes Hähnchen-Sizzler

**ZUTATEN:**
- 2 Tassen gekochte Nudeln

**FÜR DAS GEGRILLTE HÄHNCHEN**
- 1 & ½ TL Paprikapulver
- 1/2 TL Kali-Mirch-Pulver (schwarzes Pfefferpulver)
- ½ TL oder nach Geschmack Namak (Salz)
- 1/2 EL Ingwer-Knoblauch-Paste
- 1 EL getrocknete oder frische gehackte Petersilie
- 1 ½ EL Sojasauce
- 1 EL Essig
- 300 Gramm Hähnchenfilets
- 1-2 EL Speiseöl
- 1/2 EL Zucker

**BRÜTZENDE SAUCE ZUBEREITEN:**
- 2 EL Makhan (Butter)
- 1 EL Pizzasauce
- 2 EL Knoblauch, gehackt
- 1/2 EL Maismehl1 &
- 1 EL Chili-Knoblauch-Paste
- 1/2 TL Sojasauce
- ¼ TL oder nach Geschmack Namak (Salz).
- 1/4 Tasse Chili-Knoblauch-Sauce
- 1 Tasse oder nach Bedarf Hühnerbrühe

**GEMÜSE ZUBEREITEN:**
- 2 EL Speiseöl
- 1 EL gehackte Frühlingszwiebelblätter
- 1 EL Mais
- 1/2 Tasse Karotten-Julienne
- 1/2 Tasse grüne Paprika Julienne
- 1/4 Tasse rote Paprika-Julienne
- 1/2 Tasse rote Paprika-Julienne
- ½ TL oder nach Geschmack Namak (Salz)
- 1/2 TL Lal mirch (roter Chili), zerstoßen
- 1/4 Tasse geriebene Karotte

**ANWEISUNGEN:**
**NUDELN ZUBEREITEN**

a) 1 Esslöffel Öl in einer beschichteten Pfanne erhitzen.

b) Fügen Sie ½ Esslöffel gehackten Ingwer und 1 Esslöffel gehackten Knoblauch, 2 Esslöffel Julienned-Karotten, 2 Esslöffel Paprika und 2 Esslöffel Kohl hinzu

c) Mischen und 30 Sekunden anbraten.

d) Nudeln hinzufügen und vermengen. 1 Esslöffel Sojasauce, 1 Teelöffel Chiliflocken, zerstoßene Pfefferkörner, eine Prise Zucker und etwas Frühlingszwiebelgrün dazugeben und vermischen. Salz hinzufügen und gut vermischen.

**GEGRILLTES HÄHNCHEN ZUBEREITEN:**

e) In eine Schüssel Zucker, Paprikapulver, schwarzen Pfeffer, Salz, Ingwer-Knoblauch-Paste, frische oder getrocknete Petersilie, Sojasauce und Essig geben und gut vermischen.

f) Hähnchenfilets dazugeben, gut vermischen und 1 Stunde marinieren.

g) In die Grillpfanne Speiseöl und marinierte Hähnchenfilets geben und auf kleiner Flamme von beiden Seiten grillen, bis sie gar sind.

**BRÜTZENDE SAUCE ZUBEREITEN:**

h) Butter in den Topf geben und schmelzen lassen.

i) Zwiebel und Knoblauch dazugeben und gut vermischen.

j) Allzweckmehl hinzufügen und 1 Minute lang gut vermischen.

k) Sojasauce, schwarzes Pfefferpulver, Salz und Chili-Knoblauch-Sauce hinzufügen und gut vermischen.

l) Hühnerbrühe hinzufügen, verrühren, bis alles gut vermischt ist, und 2-3 Minuten kochen lassen, oder bis die Soße eindickt, und beiseite stellen.

**GEMÜSE ZUBEREITEN:**

m)   Im Wok Speiseöl und Frühlingszwiebelblätter hinzufügen und gut vermischen.

n) Frische Petersilie hinzufügen und vermischen.

o) Die restlichen Karotten, gelbe Paprika, Paprika, rote Paprika, Salz und zerkleinerte rote Chili hinzufügen, gut vermischen und 1 Minute lang unter Rühren anbraten und beiseite stellen.

**MONTAGE:**

p) Erhitzen Sie die Brutpfanne, fügen Sie Butter und Nudeln hinzu, rühren Sie gebratenes Gemüse, Hähnchenfilet und die vorbereitete Brutsauce um und servieren Sie!

**RINDFLEISCH**

## 55. Knuspriger Schinkenbrutzel mit glasierten Pfirsichen

Ergibt: 4 Portionen

**ZUTATEN:**
2 1/2 Zoll dicke Schinkensteaks
Je 1 Eiweiß
1 Tasse zerkleinerte Käsecracker
4 Pfirsichhälften
¼ Tasse Cranberrysauce
Je 1 Kartoffel
2 Teelöffel Olivenöl

**ANWEISUNGEN:**
Ei mit 1 TL Wasser leicht aufschlagen. Tauchen Sie eine Seite jeder Schinkenscheibe in das Ei und dann in die Crackerkrümel. Brösel gut andrücken. Mit der beschichteten Seite nach oben auf den Grillrost legen. Pfirsichhälften mit Schinken auf den Grillrost legen und mit geschmolzener Preiselbeersauce bestreichen. Mit in dünne Scheiben geschnittenen und in Öl geschwenkten Kartoffeln umgeben. 10 cm vor der Hitze 5 Minuten lang grillen.

## 56. Texas-Sizzlers

Ergibt: 24 Vorspeisen

**ZUTATEN:**
- 1½ Pfund Rinderflankensteak
- ½ Tasse Salsa Picante
- 12 ganze Jalapenopfeffer, der Länge nach halbiert und entkernt
- ¼ Tasse Kräuterfrischkäse
- Zahnstocher

**ANWEISUNGEN:**

a) Schneiden Sie das Steak in ¼ Zoll dicke Streifen mit einer Länge von 4 Zoll. Schneiden Sie quer zur Faserrichtung und halten Sie das Messer schräg.
b) Rindfleischstreifen eine Stunde lang in Salsa Picante marinieren.
c) Füllen Sie jede Jalapeno-Hälfte mit ½ Teelöffel Frischkäse. 4. Wickeln Sie gefüllte Jalapenos beim Einwickeln mit einem Steakstreifen ein, der den Frischkäse bedeckt. Steakenden mit Zahnstocher befestigen. 5. 10 cm vom Herd entfernt 4 Minuten lang grillen oder grillen, nach 2 Minuten wenden. Nicht zu lange kochen.
d) Für optimalen Geschmack in scharfer oder mittlerer Salsa Picante marinieren.

## 57. [Rindfleisch-Teriyaki](#)

Ergibt: 6 Portionen

**ZUTATEN:**
- 1½ Pfund Rinderfilet
- ½ Tasse Sojasauce
- ¼ Tasse trockener Sherry
- 2 Esslöffel Zucker
- 2 Teelöffel trockener Senf
- Jeweils 4 Knoblauchzehen, gehackt

**ANWEISUNGEN:**

a) Rindfleisch teilweise einfrieren. Quer zur Faser dünn in mundgerechte Streifen schneiden. Sojasauce, Wein, Zucker sowie Senf und Knoblauch mischen; Rindfleisch dazugeben und 15 Minuten bei Zimmertemperatur ruhen lassen.

b) Spießfleisch im Akkordeonstil auf kleinen Spießen. Beide Seiten des Gasgrills 10 Minuten lang auf HIGH vorheizen.

c) Spieße auf Gitter legen; Schließen Sie die Haube und kochen Sie das Fleisch mindestens 5 bis 7 Minuten lang, bis es gar ist. Drehen Sie es dabei und begießen Sie es häufig mit Salzlake.

## 58. 30-minütiger Lammgrill für zwei Personen

Ergibt: 2 Portionen

**ZUTATEN:**
- 1 Esslöffel natriumarme Sojasauce
- 2 Teelöffel Sesamöl
- 1 Frühlingszwiebel, gewürfelt
- 1 Knoblauchzehe, gehackt
- 2 Teelöffel Ingwerwurzel, gehackt
- ¼ Teelöffel Pfeffer
- 4 Lammkoteletts
- Salz

**ANWEISUNGEN:**

a) In einer flachen Schüssel Sojasauce, Öl, Zwiebel, Knoblauch, Ingwer und Pfeffer verrühren. Fügen Sie Lammfleisch hinzu und drehen Sie es, um es zu beschichten. 10 Minuten ruhen lassen.

b) Portionieren Sie die Salzlake erneut und legen Sie das Lamm auf den gefetteten Grill bei mäßiger bis hoher Hitze. Abdecken und unter Begießen mit Salzlake 5–7 Minuten auf jeder Seite kochen, bis der gewünschte Gargrad erreicht ist. Mit Salz abschmecken.

c) Mit gebratenen Zucchinistücken und Süßkartoffeln servieren.

## 59. Gegrillter Alligatorschwanz im Cajun-Stil

Ergibt: 16 Portionen

**ZUTATEN:**
- 4 bis 6 Pfund. Gator Tail Zitronenspalten

**Gewürzmischung:**
- 12 Esslöffel Paprika
- 6 Esslöffel Knoblauchpulver
- 3 Esslöffel Salz
- 3 Esslöffel weißer Pfeffer
- 3 Esslöffel Oregano, zerstoßen
- 3 Esslöffel schwarzer Pfeffer
- 2½ Esslöffel Thymian
- 1 Esslöffel Cayennepfeffer

**ANWEISUNGEN:**

a) Für die Gewürzmischung Paprika, Knoblauchpulver, Salz, weißen Pfeffer, Oregano, schwarzen Pfeffer, Thymian und Cayennepfeffer in einem Glas mit dicht schließendem Deckel vermischen. Zum Mischen gut schütteln.

b) Die Mischung kann bis zu 3 Monate gelagert werden. Wenn Sie zum Kochen bereit sind, schneiden Sie das Alligatorschwanzfleisch in ½ Zoll große Würfel. Rollen Sie jeden Würfel in 1 Esslöffel der Mischung.

c) Bei starker Hitze auf einem Außengrill oder unter dem Grillrost 4 bis 6 Minuten garen, oder bis das Gator-Schwanzfleisch weiß ist und sich fest anfühlt.

d) Warm mit Zitronenspalten servieren.

## 60. Gegrillte Lammkeule mit Schmetterlingen

Ergibt: 6 Portionen

**ZUTATEN:**
- 4 Pfund Lammkeule, mit Schmetterlingen
- 2 Teelöffel Salz
- 2 Knoblauchzehen, gewürfelt
- 1 Tasse Olivenöl
- 2 Zitronen, entsaftet
- ⅓ Tasse Tomatenmark
- 2 Teelöffel Rosmarin
- ½ Teelöffel schwarzer Pfeffer, grob gemahlen
- ½ Teelöffel Majoran
- ½ Teelöffel Oregano
- ½ Teelöffel Bohnenkraut

**ANWEISUNGEN:**

a) Alle Zutaten in einem Glas-, Emaille-, Edelstahl- oder Kunststoffbehälter vermischen und mit einem Schneebesen oder einer Gabel verrühren, bis alles gut vermischt ist. Es dauert ein paar Minuten.

b) Fügen Sie das Lammfleisch hinzu und drehen Sie es, um sicherzustellen, dass es von allen Seiten bedeckt ist.

c) Zwei Stunden bei Zimmertemperatur oder über Nacht im Kühlschrank marinieren. Überprüfen Sie gelegentlich, ob es noch mit der Salzlake bedeckt ist, und decken Sie es bei Bedarf erneut ab.

d) Draußen grillen oder drinnen etwa 20 cm von der Flamme entfernt 15 Minuten auf jeder Seite grillen, dabei gelegentlich mit der Salzlake bestreichen. Segmentiert dünn (heiß) mit der restlichen, erhitzten Salzlake servieren.

# 61. Brutzelndes Steak mit Paprika und Zwiebeln

**ZUTATEN:**

- ½ Esslöffel Pflanzenöl
- ein paar Drehungen Schwartz Herb Fusion – alle getrockneten Kräuter mit etwas Knoblauchpulver reichen aus
- eine Prise rote Chiliflocken
- 300g Rumpsteak – in Streifen geschnitten
- 1 mittelgroße Zwiebel – geschält und in dünne Scheiben geschnitten
- 1 grüne Paprika – entkernt und in dünne Scheiben geschnitten
- ein Spritzer Sojasauce
- 1 Frühlingszwiebel (Frühlingszwiebel) – in Scheiben geschnitten

ANWEISUNGEN

a) Gießen Sie das Pflanzenöl zusammen mit ein paar Kräutermischungen und Chiliflocken auf einen Teller und bestreichen Sie dann die Zwiebeln, Paprika und das geschnittene Steak mit der Mischung.
b) Erhitzen Sie Ihre Brutplatte oder Bratpfanne mit schwerem Boden, bis sie schön heiß ist (die Brutpfanne fängt an zu rauchen, wenn sie zum Kochen bereit ist).
c) Das Steak, die Zwiebeln und die Paprika auf die Brutplatte geben und garen (alles wird sehr schnell gar), dabei alles in der Pfanne mindestens zweimal wenden.
d) Zusammen mit der Frühlingszwiebel einen Schuss Sojasauce hinzufügen.
e) Sofort servieren, solange es noch brutzelt.

## 62. Gegrilltes Trockenrindfleisch

Ergibt: 4 Portionen

**ZUTATEN:**
- 1 Pfund mageres Rinderfilet oder Lendenstück
- 2 Stängel frisches Zitronengras oder 2 Esslöffel getrocknetes Zitronengras
- 2 kleine rote Chilischoten, entkernt
- 2½ Esslöffel Zucker oder Honig
- 1 Esslöffel vietnamesische Fischsauce
- 3 Esslöffel helle Sojasauce

**ANWEISUNGEN:**
a) Schneiden Sie das Rindfleisch quer zur Faser in sehr dünne 3 x 3 Zoll große Segmente. Wenn Sie frisches Zitronengras verwenden, entfernen Sie die äußeren Blätter und die obere Hälfte des Stängels. In dünne Segmente schneiden und fein hacken. Wenn Sie getrocknetes Zitronengras verwenden, weichen Sie es 1 Stunde lang in warmem Wasser ein. Abtropfen lassen und fein hacken.
b) Chilis und Zucker in einem Mörser und Stößel vermischen und zu einer feinen Paste zerstoßen. Gewürfeltes Zitronengras, Fischsauce und Sojasauce hinzufügen und verrühren. (Wenn Sie einen Mixer verwenden, mischen Sie alles zu einer sehr feinen Paste.) Verteilen Sie die Paste auf den Rindfleischstücken, um beide Seiten zu bedecken. 30 Minuten marinieren lassen.

c) Verteilen Sie jedes marinierte Rindfleischstück auf einem großen, flachen Gitter oder Backblech.
d) In der Sonne ruhen lassen, bis beide Seiten vollständig getrocknet sind, etwa 12 Stunden.
e) Grillen Sie das Rindfleisch etwa 10 Minuten lang über einem mäßigen Holzkohlefeuer oder bis es braun und knusprig ist.

## 63. Gegrillte Hochrippe grillen

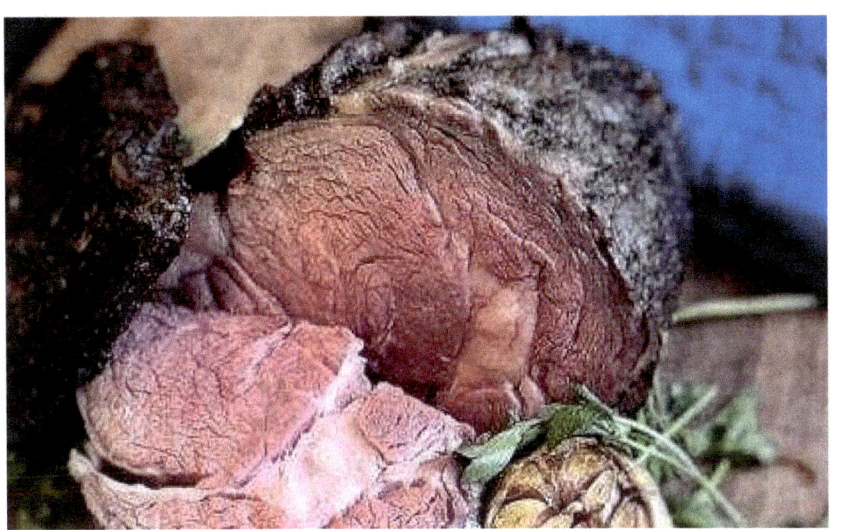

Ergibt: 1 Portion

**ZUTATEN:**
- Je 1 12 bis 15 Pfund schwere Hochrippe mit Knochen
- 1 Tasse koscheres Salz
- 1 Tasse grob gemahlener schwarzer Pfeffer
- Reiben Sie die Hochrippe rundherum mit Salz und Pfeffer ein.

**ANWEISUNGEN:**
a) Machen Sie in einem großen Kugelgrill ein Feuer weit entfernt von der Seite. Wenn die Kohlen gut angezündet sind, legen Sie die Rippe auf der den Kohlen gegenüberliegenden Seite auf den Grillrost. Achten Sie dabei darauf, dass sich kein Teil der Rippe direkt über den Kohlen befindet. Setzen Sie den Deckel mit ¼ geöffneten Lüftungsöffnungen auf den Wasserkocher.
b) Etwa zwei Stunden lang kochen lassen, dabei etwa alle 30 Minuten eine Handvoll frische Holzkohle hinzufügen
c) Überprüfen Sie nach 2 Stunden die Rippe mit einem Fleischthermometer, um den Gargrad festzustellen. Nehmen Sie das Gericht bei 118 °F für sehr selten, 122 °F für selten, 126 °F für mäßig selten usw. aus dem Feuer und fügen Sie 4 °F für jeden Gargrad hinzu
d) Vor dem Schneiden 30 Minuten ruhen lassen.

## 64. Gemischter Grill im Freien

Ergibt: 1 Portion

**ZUTATEN:**

- Wählen Sie nach Belieben Hühnchen, Wurst, Rind, Schwein und/oder Lamm wie folgt:
- 1 Pfund Hähnchenbrust ohne Knochen und Haut, in 2,5 cm große Stücke geschnitten
- 1 Pfund süße italienische Wurst, in 2,5 cm große Stücke geschnitten
- 1 Tasse Grapefruitsaft
- 3 Esslöffel Honig
- 2 Esslöffel geschmolzene Butter
- ½ Teelöffel Salz
- 2 Esslöffel gewürfelter frischer Rosmarin
- 2 Esslöffel gewürfelter frischer Thymian
- 1 Esslöffel gewürfelter Knoblauch
- 1 kleine Zwiebel, gewürfelt
- 2 Esslöffel Zitronensaft
- ½ Tasse Öl
- 1 Teelöffel getrockneter Thymian
- 1 Teelöffel getrockneter Majoran
- 1 Teelöffel Salz
- ½ Teelöffel Pfeffer

**ANWEISUNGEN:**

a) Alle Zutaten in einer großen, nicht reaktiven, flachen Schüssel vermischen; Salzlake abgedeckt 2 Stunden bei Zimmertemperatur oder abgedeckt mehrere Stunden im Kühlschrank aufbewahren.

b) Nehmen Sie die Salzlake heraus, portionieren Sie sie neu und spießen Sie das Hähnchen auf den/die eigenen Spieß(e) und die Wurst auf den/die eigenen Spieß(e).

c) Über mäßig heißen Kohlen grillen, häufig drehen und mit entsprechender Salzlake bestreichen. Das Hähnchen braucht etwa 15 Minuten. Wurst ca. 20-25 Minuten; Schweine-, Rind- oder Lammfleisch ca. 20 Minuten. Vom Herd nehmen und die restliche/entsprechende(n) Salzlake(n) darübergießen; etwa fünf Minuten mit Folie abdecken; Aufschlag.

## 65. Gegrillte Rindersteaks

Ergibt: 1 Portion

**ZUTATEN:**
- Sechs knochenlose Rindfleischklingen; Steaks
- 2 große rote Paprika; geviertelt
- Die Schale von 2 Nabelorangen
- 1 Tasse frischer Orangensaft
- ⅓ Tasse Pflanzenöl
- 2 Knoblauchzehen
- 1 Esslöffel Sojasauce
- 1 Teelöffel getrocknete scharfe rote Paprikaflocken
- 1 Esslöffel Apfelessig
- ½ Teelöffel Salz

**ANWEISUNGEN:**

a) In einer großen, flachen Schüssel die Messersteaks in einer Schicht anrichten und die Paprika hinzufügen.

b) In einem Mixer die Orangenschale, den Orangensaft, das Öl, den Knoblauch, die Sojasauce, die Paprikaflocken, den Essig und das Salz vermischen, bis die Salzlake glatt ist, die Salzlake über die Steaks und Paprika gießen, Bestreichen Sie sie gründlich und lassen Sie die Mischung über Nacht abgedeckt und gekühlt marinieren.

c) Grillen Sie die Steaks und Paprika ohne die Salzlake auf einem geölten Rost, der 12 bis 15 cm über glühenden Kohlen liegt, auf jeder Seite 8 Minuten lang (für mittelschwere bis seltene Steaks), legen Sie sie auf eine Platte und lassen Sie die Steaks 5 Minuten lang ruhen.

## 66. Brutzelnde Rindfleischpfanne

Macht: 3

**ZUTATEN:**
- 300 g dünn geschnittene Rindersteaks, in grobe Würfel geschnitten
- 2 Teelöffel Öl
- 450g zubereiteter Gemüsereis Ihrer Wahl
- Für die Sizzle-Sauce:
- 4 Esslöffel Worcestershire-Sauce
- 1 Teelöffel chinesisches 5-Gewürze-Pulver
- 2 Esslöffel Tomatenmark
- 1 Esslöffel Honig
- 1 Esslöffel helle Sojasauce

**ANWEISUNGEN:**
a) Für die Brutsauce alle Zutaten in einer kleinen Schüssel vermischen und beiseite stellen.
b) Das Öl in einer großen beschichteten Pfanne oder einem Wok erhitzen, das Rindfleisch hinzufügen und 1–2 Minuten unter gelegentlichem Rühren anbraten. Soße und Gemüsereis dazugeben; Weitere 3-4 Minuten weiterkochen, dabei ab und zu umrühren, bis der Reis kochend heiß ist.
c) Sofort mit grünem Salat servieren.

## 67. Sirloin Sizzler

Macht: 4

**ZUTATEN:**
- 3 Esslöffel Balsamico-Essig
- 2 Esslöffel Olivenöl
- 2 gehackte Knoblauchzehen
- 1 Teelöffel getrockneter Rosmarin
- 1/4 Teelöffel Salz
- 1 Pfund Lendensteak, 1 Zoll dick

**ANWEISUNGEN:**
a) In einer flachen Schüssel Essig, Öl, Knoblauch, Rosmarin und Salz verrühren.
b) Fügen Sie das Steak hinzu und drehen Sie es um.
c) Bei Zimmertemperatur 10 Minuten marinieren, dabei einmal wenden.
d) Eine gefettete Grillpfanne oder Bratpfanne bei mittlerer bis hoher Hitze erhitzen.
e) Das Steak unter einmaligem Wenden 10–12 Minuten garen oder bis der gewünschte Gargrad erreicht ist.
f) Übertragen Sie es mit Folie auf ein Schneidebrett und ein Zelt.
g) Vor dem Schneiden 5 Minuten stehen lassen.

# MEERESFRÜCHTER

## 68. Gemischter Meeresfrüchte-Sizzler nach Schezuan-Art

**ZUTATEN:**
- 400 g Meeresfrüchte – große Garnelen, Fisch, Tintenfischringe und Muscheln
- 5 getrocknete Chilis
- 20 g junger Ingwer, in Scheiben geschnitten
- 3 Knoblauchzehen, in Scheiben geschnitten
- eine halbe Zwiebel, in Spalten schneiden
- 25 g Champignons, geviertelt
- 50 g rote und grüne Paprika, in Spalten geschnitten
- 25 g Karotte, in gewünschte Formen schneiden
- 2 EL Öl
- 1 TL Sesamöl

**WÜRZE**
- 1 EL Abalone-Sauce
- 1 EL Tomatensauce
- 1/4 TL dunkle Sojasauce
- 1/4 TL Zucker
- 1/2 Tasse Wasser
- 1 TL schwarzer Essig
- 1 EL Shao Hsing Kochwein (optional)
- 1/8 TL Maismehl

**ANWEISUNGEN:**

a) Muschelgarnelen mit intakten Schwänzen und Köpfen. Machen Sie einen Schlitz in der Mitte der Garnelen und entfernen Sie sie. Den Fisch in mundgerechte Stücke schneiden. Tintenfisch putzen und in Ringe schneiden.

b) Leicht mit Maismehl bestäuben und in heißem Öl 30 Sekunden frittieren. Abtropfen lassen und beiseite stellen.

c) Stellen Sie eine brutzelnde Kochplatte auf schwache Hitze. Etwas Öl darüber streichen. Erhitzen, bis es heiß ist.

d) Öl und Sesamöl in einem Wok erhitzen. Ingwer, Knoblauch und getrocknete Chilis anbraten, bis sie duften. Champignons, Karotte und Gewürze hinzufügen. Geben Sie die Meeresfrüchte zurück in den Wok. 10–20 Sekunden lang kräftig anbraten. Paprika und Zwiebeln dazugeben und gut vermischen.

e) Übertragen Sie das Gericht direkt auf die heiße Platte und servieren Sie es sofort, solange es noch brutzelt.

## 69. Ganzer gedämpfter Fisch mit Ingwer und Frühlingszwiebeln

## ZUTATEN:
### FÜR DEN FISCH
- 1 ganzer Weißfisch, etwa 2 Pfund, kopfüber und gereinigt
- ½ Tasse koscheres Salz zum Reinigen
- 3 Frühlingszwiebeln, in 3-Zoll-Stücke geschnitten
- 4 geschälte frische Ingwerscheiben, jede etwa so groß wie ein Viertel
- 2 Esslöffel Shaoxing-Reiswein

### FÜR DIE SOSSE
- 2 Esslöffel helle Sojasauce
- 1 Esslöffel Sesamöl
- 2 Teelöffel Zucker

### FÜR DAS BRÜTZENDE INGWERÖL
- 3 Esslöffel Pflanzenöl
- 2 Esslöffel geschälter frischer Ingwer, fein in dünne Streifen geschnitten
- 2 Frühlingszwiebeln, in dünne Scheiben geschnitten
- Rote Zwiebel, in dünne Scheiben geschnitten (optional)
- Koriander (optional)

**ANWEISUNGEN:**

a) Reiben Sie den Fisch innen und außen mit dem koscheren Salz ein. Spülen Sie den Fisch ab und tupfen Sie ihn mit Papiertüchern trocken.

b) Auf einem Teller, der groß genug ist, um in einen Bambus-Dampfkorb zu passen, ein Bett aus jeweils der Hälfte der Frühlingszwiebeln und des Ingwers zubereiten. Legen Sie den Fisch darauf und füllen Sie die restlichen Frühlingszwiebeln und den Ingwer hinein. Den Reiswein über den Fisch gießen.

c) Spülen Sie einen Bambus-Dampfkorb und seinen Deckel unter kaltem Wasser ab und stellen Sie ihn in den Wok. Gießen Sie etwa 5 cm kaltes Wasser hinein, oder bis es etwa ¼ bis ½ Zoll über den unteren Rand des Dampfgarers reicht, aber nicht so hoch, dass das Wasser den Boden des Korbs berührt. Bringen Sie das Wasser zum Kochen.

d) Legen Sie den Teller in den Dampfgareinsatz und decken Sie ihn ab. Den Fisch 15 Minuten bei mittlerer Hitze dämpfen (pro halbes Pfund mehr 2 Minuten hinzufügen). Bevor Sie den Fisch aus dem Wok nehmen, stechen Sie mit einer Gabel in der Nähe des Kopfes in den Fisch. Wenn das Fleisch abblättert, ist es fertig. Wenn das Fruchtfleisch immer noch zusammenklebt, weitere 2 Minuten dämpfen.

e) Während der Fisch dampft, in einer kleinen Pfanne das helle Soja, das Sesamöl und den Zucker bei schwacher Hitze erwärmen und beiseite stellen.

f) Sobald der Fisch gar ist, geben Sie ihn auf eine saubere Platte. Entsorgen Sie die Kochflüssigkeit und die Aromastoffe von der Dampfplatte. Gießen Sie die warme Sojasaucenmischung über den Fisch. Zelt mit Folie, um es warm zu halten, während Sie das Öl zubereiten.

## 70. Gegrillte Dorade mit Fenchel

Ergibt: 1 Portion

**ZUTATEN:**

- 4 Brassenfilets
- Olivenöl zum Bestreichen
- 10 Schalotten; geschält, segmentiert
- 4 Karotten; Fein segmentiert
- 1 ganzer Fenchel; entkernt, halbiert
- 2 Prisen Safran
- Süßer Weißwein
- 1 Pint Fischbrühe
- 1 Pint Sahne
- Eine Orange; Saft von
- 1 Bund Koriander; fein gewürfelt

**ANWEISUNGEN:**

a) Karotten, Schalotten, Fenchel und Safran in Olivenöl ohne Farbstoff 3–4 Minuten einkochen. Das Gemüse zu drei Vierteln mit Wein bedecken und vollständig einkochen lassen.
b) Den Fischfond dazugeben und um ein Drittel reduzieren. Überprüfen Sie die Karotten während des Reduzierens. Wenn sie gerade gar sind, seihen Sie die Flüssigkeit vom Gemüse ab und geben Sie die Flüssigkeit zurück in die Pfanne, um sie weiter zu reduzieren. Legen Sie das Gemüse beiseite.
c) Die Sahne zur reduzierenden Flüssigkeit hinzufügen und einkochen lassen, bis sie leicht eindickt. Die Brassenfilets mit Olivenöl bestreichen und mit der Hautseite nach unten grillen.
d) Den Orangensaft in die reduzierte Brühe geben und das Gemüse wieder in die Pfanne geben. Würzen und zum Fisch servieren.

## 71. Mit Apfel glasierte Meeresfrüchtespieße

Ergibt: 6 Portionen

**ZUTATEN:**
- 1 Dose Apfelsaftkonzentrat
- Jeweils 1 Esslöffel Butter und Dijon-Senf
- 1 große süße rote Paprika
- 6 Segmente Speck
- 12 Jakobsmuscheln
- 1 Pfund geschälte, entdarmte Garnelen (ca. 36)
- 2 Esslöffel gewürfelte frische Petersilie

**ANWEISUNGEN:**

a) In einem tiefen, schweren Topf das Apfelsaftkonzentrat bei starker Hitze 7 bis 10 Minuten oder länger kochen, bis es auf etwa eine ¾ Tasse reduziert ist. Vom Herd nehmen, Butter und Senf einrühren, bis eine glatte Masse entsteht. Beiseite legen. Schneiden Sie die Paprika in zwei Hälften. Entfernen Sie die Kerne und den Stiel und schneiden Sie die Paprika in 24 Stücke. Schneiden Sie die Speckstücke quer in zwei Hälften und wickeln Sie jede Jakobsmuschel in ein Stück Speck.

b) Abwechselnd Paprika, Jakobsmuscheln und Garnelen auf 6 Spieße spießen. Spieße auf den geölten Grill legen. Bei mäßig hoher Hitze 2-3 Minuten lang grillen, mit Apfelsaftglasur begießen und oft wenden, bis die Jakobsmuscheln undurchsichtig, die Garnelen rosa und der Pfeffer zart sind. Mit Petersilie bestreut servieren.

## 72. Gegrillte Fischspieße

Ergibt: 4 Portionen

**ZUTATEN:**
- 1 Pfund fester Weißfisch
- 1 Teelöffel Salz
- 6 Knoblauchzehen
- 1½ Zoll frische Ingwerwurzel
- 1 Esslöffel Garam Masala
- 1 Esslöffel gemahlener Koriander
- 1 Teelöffel Cayennepfeffer
- 4 Unzen Naturjoghurt
- 1 Esslöffel Pflanzenöl
- 1 Zitrone
- 2 scharfe grüne Chilischoten

**ANWEISUNGEN:**

a) Den Fisch filetieren und häuten und dann in 3,5 cm große Würfel schneiden. Auf jeden Spieß etwa 5 Stücke stecken und mit Salz bestreuen.

b) Aus Knoblauch, Ingwer, Gewürzen und Joghurt eine Paste herstellen und den Fisch damit bedecken. Einige Stunden ruhen lassen und dann grillen.

c) Bei Bedarf können die Spieße während des Garens mit etwas Öl bespritzt werden. Mit der in Spalten geschnittenen Zitrone und feinen Ringen entkernter grüner Chilischote garnieren.

# GEMÜSESPEISEN

## 73. Gemüsebrutzel

Ergibt: 1 Portion

**ZUTATEN:**
- 1 mittelgroße Paprika
- 1 mittelgroße Tomate, reif und fest
- 1 Karotte gekocht; in 1/2-Zoll-Scheiben schneiden
- 1 Tasse geriebener Kohl
- 2 Kartoffeln gekocht und geschält
- 1 Zwiebel in Ringe oder Streifen schneiden
- 3 Bohnen gekocht und halbiert; (3 bis 4)
- 1 Tasse gekochter Reis
- 1 Tasse gekochte Nudeln oder Spaghetti
- 1 Teelöffel rotes Chilipulver
- 1 Teelöffel Tomatenketchup
- ½ Teelöffel Sojasauce
- 1 Teelöffel Maismehl
- 1 Esslöffel getrocknete Semmelbrösel; Bußgeld
- 1 Esslöffel Butter
- Salz nach Geschmack
- 1 Esslöffel Öl
- Ingwer und Knoblauch

a) Eine Kartoffel gut zerdrücken, von der anderen die Finger abschneiden.
b) Reis, Kartoffelpüree, Maismehl, Chilipulver, Sojasauce, Ketchup, Salz vermischen.
c) Den Hut der Tomate und der Paprika abschneiden. Die Tomate von innen auskratzen, sodass eine Mulde entsteht.
d) Paprika in kochendes Wasser geben, bis sie schlaff ist. Abtropfen lassen und trocken tupfen.
e) Tomaten und Paprika mit Reisfüllung füllen. Mit etwas Butter bestreichen. Beiseite legen
f) Aus der restlichen Mischung ein Fladen formen und mit Öl flach anbraten. Beiseite legen.

**ZUSAMMENBAU DES SIZZLER:**

g) Das Brutblech erhitzen, die Hälfte der Butter in die Mitte geben, das gesamte Gemüse dazugeben, salzen und unter Rühren anbraten.

h) Zur Seite schieben, restliche Butter in die Mitte geben. Nudeln hinzufügen, mit Salz und Pfeffer bestreuen und vermengen.

i) Schieben Sie das Gemüse zur Seite. Paprika, Tomate und Pastetchen in die Mitte legen.

j) Vorsichtig wenden, damit es überall brutzelt.

k) Übertragen Sie das Tablett in seinen Holzbehälter.

l) Machen Sie das Tablett vor dem Servieren sehr heiß und beträufeln Sie es ganz leicht mit etwas weißem Essig, damit es brutzelt.

m) Heiß mit Soße, Knoblauchbrötchen usw. servieren.

## 74. Chinesischer Gemüsebrutzeler

**ZUTATEN:**
- nach Bedarf Dasselbe wie bei gefüllten Tomaten und Paprika
- nach Bedarf Das Gleiche wie bei Nudeln und Nudeln
- je nach Bedarf Öl und Butter
- nach Bedarf Pommes Frites

**ANWEISUNGEN:**

a) Legen Sie einen großen Teller darauf, legen Sie Kohlblätter darauf, füllen Sie Tomaten und Paprika darauf und geben Sie dann chinesisches Gemüse, Nudeln und Nudeln hinein

b) Nudeln und Nudeln auf den Teller geben, Pommes Frites hinzufügen und mit Öl oder Butter erhitzen, anrichten und heiß mit Mayonnaise und Ketchup servieren.

## 75. Peri peri Paneer brutzelnd

**ZUTATEN:**
- 1 Tasse Paneer
- 1 Paprika grob gehackt
- 1 Zwiebel grob gehackt
- 1 Tasse Pommes Frites
- 1 EL Barbecuesauce
- 1 EL Tomatensauce
- 1 EL Peri-Peri-Sauce
- 1 Tasse gekochter Reis
- 1 Karotte gehackt
- 1 EL gekochter Zuckermais

**ANWEISUNGEN:**
a) Marinieren Sie Paneer, indem Sie die gesamte Soße und Gewürze hinzufügen, gut vermischen und eine halbe Stunde ruhen lassen. Nach dem Marinieren in der Pfanne rösten, bis es goldbraun wird
b) Nehmen Sie eine Pfanne und braten Sie das gesamte Gemüse mit Öl an, fügen Sie Soße und Gewürze hinzu, salzen Sie und vermischen Sie alles gut. Nicht zu lange kochen, einfach einige Zeit anbraten und dann herausnehmen. Öl in die gleiche Pfanne geben, Zwiebeln hinzufügen und einige Zeit anbraten, Paprika hinzufügen und einige Zeit anbraten, die gesamte Masala-Sauce hinzufügen und gut vermischen.
c) Stellen Sie es auf einen Servierteller, indem Sie die Pfanne in der Mitte anordnen, eine Seite mit gebratenem Reis und sautiertem Gemüse und Pommes Frites auf einer Seite. Zum Brutzeln eine große Pfanne auf hoher Flamme erhitzen und die Schüssel mit dem Brutzel weiter servieren. Und dazu Butter und Wasser. Genießen Sie Ihren Paneer-Sizzler.

## 76. Mumbai Sizzler

**ZUTATEN:**
- Gemüse zum Kochen
- 1 Tasse grüne Erbsen
- 1 große Karotte
- Eine halbe Tasse Buschbohnen
- 7-8 Blumenkohlröschen
- 1 Tasse Kohl
- 1 Kartoffel
- 3 große Zwiebeln fein gehackt
- 3 große Tomatenmark
- 1 Teelöffel Knoblauchpaste
- 1 Teelöffel Ingwerpaste
- 1 Paprika fein gehackt
- 1 Teelöffel rote Chilipaste
- 1 Teelöffel Jeera
- 3-4 Esslöffel Pav Bhaji Masala
- 3 Esslöffel Butter
- 1 Esslöffel Öl
- Nach Bedarf Pav
- nach Bedarf Korianderblätter zum Garnieren
- nach Bedarf Kohlblätter für den Brutzelteller
- 2-3 Würfel kalte Butterwürfel

**ANWEISUNGEN:**

a) Kochen Sie grüne Erbsen, Karotten, Kohl, Blumenkohl und alle Gemüsesorten im Schnellkochtopf. Bewahren Sie das Wasser beiseite und werfen Sie es nicht weg.

b) In ein Gefäß mit starkem Boden Öl und zwei Esslöffel Butter geben. Jeera hinzufügen. Wenn es knistert, Zwiebeln dazugeben und glasig dünsten.

c) Nun Capsicum hinzufügen und 2 Minuten anbraten. Fügen Sie nun Pav Bhaji Masala hinzu und braten Sie es 2 Minuten lang an. Nun das gekochte Gemüse dazugeben und mit dem Stampfer gut zerstampfen. Gut vermischen und etwa 4 bis 5 Minuten anbraten.

d) Fügen Sie nun Tomatenpüree hinzu und lassen Sie es kochen, bis Öl austritt. Es ist Zeit, das nach dem Kochen des Gemüses übriggebliebene Wasser hinzuzufügen. Bei Bedarf können Sie mehr Wasser hinzufügen.

e) Abdecken und einige Zeit kochen lassen. Nach einer Weile werden Sie sehen, wie Öl austritt.

f) Nehmen Sie nun das Pflaster und schneiden Sie es in zwei Hälften. Tragen Sie Butter auf Tawa auf, streuen Sie etwas Pav Bhaji Masala darüber und reiben Sie Pav darauf.

g) Pav und Bhaji sind jetzt fertig. Lassen Sie nun die Grillplatte auf Gas. Wenn die Brutplatte heiß ist, legen Sie Kohlblätter darauf und legen Sie Bhaji auf eine Seite und Pavé auf die andere, zusammen mit gehackten Zwiebeln und Zitronenschnitzen. Legen Sie Butterwürfel auf die Seiten des Sizzlers und servieren Sie diese sofort Ihren Lieben.

## 77. Auberginen und Tofu in brutzelnder Knoblauchsauce

**ZUTATEN:**
- 6 Tassen Wasser plus 1 Esslöffel, geteilt
- 1 Esslöffel koscheres Salz
- 3 lange chinesische Auberginen (ca. ¾ Pfund), geputzt und diagonal in 2,5 cm große Stücke geschnitten
- 1½ Esslöffel Maisstärke, geteilt
- 1 Esslöffel helle Sojasauce
- 2 Teelöffel Zucker
- ½ Teelöffel dunkle Sojasauce
- 3 Esslöffel Pflanzenöl, geteilt
- 3 Knoblauchzehen, gehackt
- 1 Teelöffel geschälter, gehackter frischer Ingwer
- ½ Pfund fester Tofu, in ½ Zoll große Würfel geschnitten

**ANWEISUNGEN:**

a) In einer großen Schüssel 6 Tassen Wasser und Salz vermischen. Kurz umrühren, um das Salz aufzulösen, und die Auberginenstücke hinzufügen. Setzen Sie einen großen Topfdeckel darauf, damit die Aubergine im Wasser bleibt, und lassen Sie sie 15 Minuten lang ruhen. Die Aubergine abtropfen lassen und mit Papiertüchern trocken tupfen. Geben Sie die Aubergine in eine Schüssel und bestäuben Sie sie mit etwa einem Esslöffel Maisstärke.

b) In einer kleinen Schüssel den restlichen ½ Esslöffel Maisstärke mit dem restlichen 1 Esslöffel Wasser, hellem Soja, Zucker und dunklem Soja verrühren. Beiseite legen.

c) Erhitzen Sie einen Wok bei mittlerer bis hoher Hitze, bis ein Tropfen Wasser brutzelt und bei Kontakt verdunstet. Gießen Sie 2 Esslöffel Öl hinein und schwenken Sie es, um den Boden des Woks und seine Seiten zu bedecken. Die Auberginen in einer einzigen Schicht im Wok anrichten.

d) Die Auberginen auf jeder Seite etwa 4 Minuten anbraten. Die Aubergine sollte leicht verkohlt und goldbraun sein. Reduzieren Sie die Hitze auf mittlere Stufe, wenn der Wok zu rauchen beginnt. Geben Sie die Aubergine in eine Schüssel und stellen Sie den Wok wieder auf den Herd.

e) Fügen Sie den restlichen 1 Esslöffel Öl hinzu und braten Sie Knoblauch und Ingwer etwa 10 Sekunden lang an, bis sie duften und brutzeln. Den Tofu dazugeben und weitere 2 Minuten braten, dann die Aubergine wieder in den Wok geben. Rühren Sie die Soße noch einmal um und gießen Sie sie in den Wok. Mischen Sie dabei alle Zutaten miteinander, bis die Soße eine dunkle, glänzende Konsistenz hat.

f) Auberginen und Tofu auf eine Platte geben und heiß servieren.

## 78. Indischer Gemüsebrutzel

**ZUTATEN:**
- Nach Bedarf Gemüse wie Kohl, Paprika, Karotten, Bohnen
- 2 EL Maismehl und Mehrzweckmehl zum Binden der Kugeln
- 2 EL rote Chilisauce
- 2 TL Sojasauce
- Je 2 TL grüne Chilipaste und Ingwer-Knoblauch-Paste
- je nach Geschmack Salz
- nach Bedarf Öl zum Braten
- 2 Tassen gekochter Reis
- 1-2 Kartoffeln für Kartoffelecken
- 100 g Paneer
- 1 kleine Zwiebel
- 1 kleine Paprika
- 1 TL schwarzes Pfefferpulver
- 1 TL trockenes Mangopulver
- 1 TL Garam Masala
- 2 TL Maismehlbrei
- 2 EL Knoblauchbutter
- 2 EL Ingwer-Knoblauch-Paste

**ANWEISUNGEN:**

a) Zuerst das Gemüse hacken und Bällchen für Mandschurei formen. Fügen Sie grüne Chili- und Ingwer-Knoblauchpaste, Salz, rote Chilisauce und Mehl hinzu, vermischen Sie alles gut und rollen Sie es zu kleinen Bällchen

b) Tauchen Sie sie ein oder braten Sie sie flach an. Schneiden Sie die Kartoffeln in Scheiben und braten Sie sie ebenfalls flach an

c) Braten Sie den Reis an, indem Sie Knoblauchbutter in etwas Öl hinzufügen und Ingwer-Knoblauch-Paste hinzufügen, eine Sekunde anbraten, dann Gemüse und rote Chilisauce hinzufügen und nach Geschmack salzen

d) Legen Sie den Reis beiseite

e) Nehmen Sie nun Paneer, Paprika und Zwiebeln. Marinieren Sie sie, indem Sie Pfefferpulver, trockenes Mangopulver, Garam Masala und Salz darüber streuen. Spießen Sie sie auf und rösten oder grillen Sie sie.

f) Bereiten Sie die Soße vor: Erhitzen Sie dazu Öl in einer Pfanne, fügen Sie Öl hinzu, fügen Sie dann etwas Wasser, Salz, Sojasoße, rote Chilisoße und zuletzt die Maismehlaufschlämmung hinzu und kochen Sie alles in der dicken Soße.

g) Jetzt ist es an der Zeit, den Sizzler zu kombinieren. Nehmen Sie einen heißen Teller oder einen Kasha, erhitzen Sie sie gut, legen Sie einige Kohlblätter und etwas gehackten Kohl hinein, legen Sie dann alles hinein und füllen Sie es mit der Soja-Chili-Sauce auf und genießen Sie den Sizzler

## 79. Gewürzter Tofu und Tomaten

Ergibt: 4 TASSEN (948 ML)

**ZUTATEN:**
- 2 Esslöffel Öl
- 1 gehäufter Esslöffel Kreuzkümmelsamen
- 1 Teelöffel Kurkumapulver
- 1 mittelgroße rote oder gelbe Zwiebel, geschält und gehackt
- 1 (5 cm) Stück Ingwerwurzel, geschält und gerieben oder gehackt
- 6 Knoblauchzehen, geschält und gerieben oder gehackt
- 2 mittelgroße Tomaten, geschält (optional) und gehackt
- 2–4 grüne Thai-, Serrano- oder Cayennepfeffer-Chilis, gehackt
- 1 Esslöffel Tomatenmark
- 1 Esslöffel Garam Masala
- 1 Esslöffel getrocknete Bockshornkleeblätter, leicht von Hand zerdrückt, um ihr Aroma freizusetzen
- 1 Tasse (237 ml) Wasser
- 2 Teelöffel grobes Meersalz
- 1 Teelöffel rotes Chilipulver oder Cayennepfeffer
- 2 mittelgroße grüne Paprika, entkernt und gewürfelt (2 Tassen)
- 2 (14 Unzen [397 g]) Packungen extrafester Bio-Tofu, gebacken und gewürfelt

**ANWEISUNGEN:**

a) In einer großen, schweren Pfanne das Öl bei mittlerer bis hoher Hitze erhitzen.

b) Kreuzkümmel und Kurkuma hinzufügen. Etwa 30 Sekunden lang kochen, bis die Kerne brutzeln.

c) Zwiebel, Ingwerwurzel und Knoblauch hinzufügen. 2 bis 3 Minuten kochen, bis es leicht gebräunt ist, dabei gelegentlich umrühren.

d) Tomaten, Chilis, Tomatenmark, Garam Masala, Bockshornklee, Wasser, Salz und rotes Chilipulver hinzufügen. Die Hitze etwas reduzieren und ohne Deckel 8 Minuten köcheln lassen.

e) Die Paprika hinzufügen und weitere 2 Minuten kochen lassen. Den Tofu dazugeben und vorsichtig vermischen. Weitere 2 Minuten kochen, bis es durchgeheizt ist. Mit braunem oder weißem Basmatireis, Roti oder Naan servieren.

## 80. Kreuzkümmel-Kartoffelhasch

Ergibt: 4 TASSEN (948 ML)

**ZUTATEN:**
- 1 Esslöffel Öl
- 1 Esslöffel Kreuzkümmelsamen
- ½ Teelöffel Asafetida
- ½ Teelöffel Kurkumapulver
- ½ Teelöffel Mangopulver (Amchur)
- 1 kleine gelbe oder rote Zwiebel, geschält und gewürfelt
- 1 Stück Ingwerwurzel, geschält und gerieben oder gehackt
- 3 große Salzkartoffeln (jegliche Art), geschält und gewürfelt (4 Tassen [600 g])
- 1 Teelöffel grobes Meersalz
- 1–2 grüne Thai-, Serrano- oder Cayennepfeffer-Chilis, Stiele entfernt, in dünne Scheiben geschnitten
- ¼ Tasse (4 g) gehackter frischer Koriander, gehackter Saft einer halben Zitrone

**ANWEISUNGEN:**
a) Erhitzen Sie das Öl in einer tiefen, schweren Pfanne bei mittlerer bis hoher Hitze.
b) Kreuzkümmel, Asafetida, Kurkuma und Mangopulver hinzufügen. Etwa 30 Sekunden lang kochen, bis die Kerne brutzeln.
c) Fügen Sie die Zwiebel und die Ingwerwurzel hinzu. Eine weitere Minute kochen lassen, dabei umrühren, um ein Anhaften zu verhindern.
d) Kartoffeln und Salz hinzufügen. Gut vermischen und kochen, bis die Kartoffeln durchgewärmt sind.
e) Mit Chili, Koriander und Zitronensaft belegen. Als Beilage zu Roti oder Naan servieren oder in Besan Poora oder Dosa gerollt servieren. Dies eignet sich hervorragend als Füllung für ein Gemüsesandwich oder wird sogar in einem Salatbecher serviert.

## 81. Senfkörner-Kartoffelhasch

Ergibt: 4 TASSEN (948 ML)

**ZUTATEN:**
- 1 Esslöffel geteiltes Gramm (Chana Dal)
- 1 Esslöffel Öl
- 1 Teelöffel Kurkumapulver
- 1 Teelöffel schwarze Senfkörner
- 10 Curryblätter, grob gehackt
- 1 kleine gelbe oder rote Zwiebel, geschält und gewürfelt
- 3 große Salzkartoffeln (jegliche Art), geschält und gewürfelt (4 Tassen [600 g])
- 1 Teelöffel grobes weißes Salz
- 1–2 grüne Thai-, Serrano- oder Cayennepfeffer-Chilis, Stiele entfernt, in dünne Scheiben geschnitten

**ANWEISUNGEN:**

a) Weichen Sie das geteilte Gramm in kochendem Wasser ein, während Sie die restlichen Zutaten vorbereiten.

b) Erhitzen Sie das Öl in einer tiefen, schweren Pfanne bei mittlerer bis hoher Hitze.

c) Fügen Sie Kurkuma, Senf, Curryblätter und abgetropfte gehackte Gramm hinzu. Seien Sie vorsichtig, die Kerne neigen dazu, zu platzen und aus den eingeweichten Linsen könnte Öl spritzen, daher benötigen Sie möglicherweise einen Deckel. 30 Sekunden kochen lassen, dabei umrühren, um ein Anhaften zu verhindern.

d) Fügen Sie die Zwiebel hinzu. Etwa 2 Minuten kochen, bis es leicht gebräunt ist.

e) Kartoffeln, Salz und Chili hinzufügen. Weitere 2 Minuten kochen lassen. Als Beilage zu Roti oder Naan servieren oder in Besan Poora oder Dosa gerollt servieren. Dies eignet sich hervorragend als Füllung für ein Gemüsesandwich oder wird sogar in einem Salatbecher serviert.

## 82. Kohl nach Punjabi-Art

Ergibt: 7 TASSEN

**ZUTATEN:**
- 3 Esslöffel (45 ml) Öl
- 1 Esslöffel Kreuzkümmelsamen
- 1 Teelöffel Kurkumapulver
- ½ gelbe oder rote Zwiebel, geschält und gewürfelt
- 1 Stück Ingwerwurzel, geschält und gerieben oder gehackt
- 6 Knoblauchzehen, geschält und gehackt
- 1 mittelgroße Kartoffel, geschält und gewürfelt
- 1 mittelgroßer Weißkohlkopf, äußere Blätter entfernt und fein zerkleinert (ca. 8 Tassen [560 g])
- 1 Tasse (145 g) Erbsen, frisch oder gefroren
- 1 grüne Thai-, Serrano- oder Cayennepfeffer-Chili, Stiel entfernt, gehackt
- 1 Teelöffel gemahlener Koriander
- 1 Teelöffel gemahlener Kreuzkümmel
- 1 Teelöffel gemahlener schwarzer Pfeffer
- ½ Teelöffel rotes Chilipulver oder Cayennepfeffer
- 1½ Teelöffel Meersalz

**ANWEISUNGEN:**

a) Alle Zutaten in den Slow Cooker geben und vorsichtig vermischen.

b) 4 Stunden lang auf niedriger Stufe kochen. Mit weißem oder braunem Basmatireis, Roti oder Naan servieren. Dies ist eine tolle Füllung für ein Pita mit etwas Sojajoghurt-Raita.

## 83. Kohl mit Senfkörnern und Kokosnuss

Ergibt: 6 TASSEN

**ZUTATEN:**
- 2 Esslöffel ganze schwarze Linsen mit Schale
- 2 Esslöffel Kokosöl
- ½ Teelöffel Asafetida
- 1 Teelöffel schwarze Senfkörner
- 10–12 Curryblätter, grob gehackt
- 2 Esslöffel ungesüßte Kokosraspeln
- 1 mittelgroßer Weißkohl, gehackt (8 Tassen [560 g])
- 1 Teelöffel grobes Meersalz
- 1–2 Thai-, Serrano- oder Cayennepfeffer-Chilis, Stiele entfernt, der Länge nach in Scheiben geschnitten

**ANWEISUNGEN:**

a) Weichen Sie die Linsen in kochendem Wasser ein, damit sie weich werden, während Sie die restlichen Zutaten zubereiten.

b) Erhitzen Sie das Öl in einer tiefen, schweren Pfanne bei mittlerer bis hoher Hitze.

c) Asafetida, Senf, abgetropfte Linsen, Curryblätter und Kokosnuss hinzufügen. Etwa 30 Sekunden lang erhitzen, bis die Samen aufplatzen. Achten Sie darauf, die Curryblätter oder die Kokosnuss nicht zu verbrennen. Die Samen können herausspringen, halten Sie daher einen Deckel bereit.

d) Kohl und Salz hinzufügen. Unter regelmäßigem Rühren 2 Minuten kochen, bis der Kohl zusammenfällt.

e) Fügen Sie die Chilis hinzu. Sofort als warmer Salat, kalt oder mit Roti oder Naan servieren.

## 84. Bohnen mit Kartoffeln

Ergibt: 5 TASSEN

**ZUTATEN:**
- 1 Esslöffel Öl
- 1 Teelöffel Kreuzkümmelsamen
- ½ Teelöffel Kurkumapulver
- 1 mittelgroße rote oder gelbe Zwiebel, geschält und gewürfelt
- 1 Stück Ingwerwurzel, geschält und gerieben oder gehackt
- 3 Knoblauchzehen, geschält und gerieben oder gehackt
- 1 mittelgroße Kartoffel, geschält und gewürfelt
- ¼ Tasse (59 ml) Wasser
- 4 Tassen (680 g) gehackte grüne Bohnen (13 mm lang)
- 1–2 Thai-, Serrano- oder Cayennepfeffer-Chilis, gehackt
- 1 Teelöffel grobes Meersalz
- 1 Teelöffel rotes Chilipulver oder Cayennepfeffer

**ANWEISUNGEN:**

a) Erhitzen Sie das Öl in einer schweren, tiefen Pfanne bei mittlerer bis hoher Hitze.

b) Kreuzkümmel und Kurkuma dazugeben und ca. 30 Sekunden kochen, bis die Samen brutzeln.

c) Zwiebel, Ingwerwurzel und Knoblauch hinzufügen. Etwa 2 Minuten kochen, bis es leicht braun ist.

d) Die Kartoffeln dazugeben und weitere 2 Minuten unter ständigem Rühren kochen. Fügen Sie Wasser hinzu, um ein Anhaften zu verhindern.

e) Fügen Sie die grünen Bohnen hinzu. 2 Minuten kochen lassen, dabei gelegentlich umrühren.

f) Fügen Sie die Chilis, Salz und rotes Chilipulver hinzu.

g) Reduzieren Sie die Hitze auf mittlere bis niedrige Stufe und decken Sie die Pfanne teilweise ab. 15 Minuten kochen lassen, bis die Bohnen und die Kartoffel weich sind. Schalten Sie den Herd aus und lassen Sie die Pfanne abgedeckt weitere 5 bis 10 Minuten auf derselben Herdplatte stehen.

h) Mit weißem oder braunem Basmatireis, Roti oder Naan servieren.

# 85. Aubergine mit Kartoffeln

Ergibt: 6 TASSEN (1,42 L)

**ZUTATEN:**
- 2 Esslöffel Öl
- ½ Teelöffel Asafetida
- 1 Teelöffel Kreuzkümmelsamen
- ½ Teelöffel Kurkumapulver
- 1 Stück Ingwerwurzel (5 cm), geschält und in 13 mm lange Streichhölzer geschnitten
- 4 Knoblauchzehen, geschält und grob gehackt
- 1 mittelgroße Kartoffel, geschält und grob gehackt
- 1 große Zwiebel, geschält und grob gehackt
- 1–3 Thai-, Serrano- oder Cayennepfeffer-Chilis, gehackt
- 1 große Tomate, grob gehackt
- 4 mittelgroße Auberginen mit Schale, grob gehackt, inklusive holziger Enden (8 Tassen [656 g])
- 2 Teelöffel grobes Meersalz
- 1 Esslöffel Garam Masala
- 1 Esslöffel gemahlener Koriander
- 1 Teelöffel rotes Chilipulver oder Cayennepfeffer
- 2 Esslöffel gehackter frischer Koriander zum Garnieren

**ANWEISUNGEN:**

a) Erhitzen Sie das Öl in einer tiefen, schweren Pfanne bei mittlerer bis hoher Hitze.

b) Asafetida, Kreuzkümmel und Kurkuma hinzufügen. Etwa 30 Sekunden lang kochen, bis die Kerne brutzeln.

c) Ingwerwurzel und Knoblauch hinzufügen. Unter ständigem Rühren 1 Minute kochen lassen.

d) Fügen Sie die Kartoffel hinzu. 2 Minuten kochen lassen.

e) Zwiebeln und Chilis dazugeben und weitere 2 Minuten braten, bis sie leicht braun sind.

f) Die Tomate hinzufügen und 2 Minuten kochen lassen. An diesem Punkt haben Sie eine Basis für Ihr Gericht geschaffen.

g) Fügen Sie die Aubergine hinzu. (Es ist wichtig, die holzigen Enden aufzubewahren, damit Sie und Ihre Gäste später den köstlichen, fleischigen Kern auskauen können.)

h) Salz, Garam Masala, Koriander und rotes Chilipulver hinzufügen. 2 Minuten kochen lassen.

i) Stellen Sie die Hitze auf eine niedrige Stufe, decken Sie die Pfanne teilweise ab und kochen Sie das Ganze weitere 10 Minuten lang.

j) Schalten Sie den Herd aus, decken Sie die Pfanne vollständig ab und lassen Sie das Ganze fünf Minuten lang stehen, damit sich alle Aromen richtig vermischen können. Mit Koriander garnieren und mit Roti oder Naan servieren.

## 86. Masala-Rosenkohl

Ergibt: 4 TASSEN (948 ML)

**ZUTATEN:**
- 1 Esslöffel Öl
- 1 Teelöffel Kreuzkümmelsamen
- 2 Tassen (474 ml) Gila Masala
- 1 Tasse (237 ml) Wasser
- 4 Esslöffel (60 ml) Cashewcreme
- 4 Tassen (352 g) Rosenkohl, geputzt und halbiert
- 1–3 Thai-, Serrano- oder Cayennepfeffer-Chilis, gehackt
- 2 Teelöffel grobes Meersalz
- 1 Teelöffel Garam Masala
- 1 Teelöffel gemahlener Koriander
- 1 Teelöffel rotes Chilipulver oder Cayennepfeffer
- 2 Esslöffel gehackter frischer Koriander zum Garnieren

**ANWEISUNGEN:**
a) Erhitzen Sie das Öl in einer tiefen, schweren Pfanne bei mittlerer bis hoher Hitze.
b) Fügen Sie den Kreuzkümmel hinzu und kochen Sie ihn etwa 30 Sekunden lang, bis die Samen brutzeln.
c) Fügen Sie die nordindische Tomatensuppenbrühe, Wasser, Cashewcreme, Rosenkohl, Chilis, Salz, Garam Masala, Koriander und rotes Chilipulver hinzu.
d) Zum Kochen bringen. Die Hitze reduzieren und ohne Deckel 10 bis 12 Minuten köcheln lassen, bis der Rosenkohl weich wird.
e) Mit Koriander garnieren und über braunem oder weißem Basmatireis oder mit Roti oder Naan servieren.

## 87. Rüben mit Senfkörnern und Kokosnuss

Ergibt: 3 TASSEN (711 ML)

**ZUTATEN:**

f) 1 Esslöffel Öl
g) 1 Teelöffel schwarze Senfkörner
h) 1 mittelgelbe oder rote Zwiebel, geschält und gewürfelt
i) 2 Teelöffel gemahlener Kreuzkümmel
j) 2 Teelöffel gemahlener Koriander
k) 1 Teelöffel südindisches Masala
l) 1 Esslöffel ungesüßte, geraspelte Kokosnuss
m) 5–6 kleine Rüben, geschält und gewürfelt (3 Tassen [408 g])
n) 1 Teelöffel grobes Meersalz
o) 1½ [356 ml] Tassen Wasser

**ANWEISUNGEN:**

a) Erhitzen Sie das Öl in einer schweren Pfanne bei mittlerer bis hoher Hitze.
b) Fügen Sie die Senfkörner hinzu und kochen Sie sie etwa 30 Sekunden lang, bis sie brutzeln.
c) Fügen Sie die Zwiebel hinzu und kochen Sie sie etwa 1 Minute lang, bis sie leicht braun ist.
d) Kreuzkümmel, Koriander, südindische Masala und Kokosnuss hinzufügen. 1 Minute kochen lassen.
e) Die Rüben dazugeben und 1 Minute kochen lassen.
f) Salz und Wasser hinzufügen. Zum Kochen bringen, die Hitze reduzieren, abdecken und 15 Minuten köcheln lassen.
g) Schalten Sie den Herd aus und lassen Sie die Pfanne abgedeckt fünf Minuten stehen, damit das Gericht alle Aromen aufnehmen kann. Über braunem oder weißem Basmatireis oder mit Roti oder Naan servieren.

## 88. Gewürzter Spinat mit „Paneer"

Ergibt: 10 TASSEN (2,37 L)
**ZUTATEN:**
- 2 Esslöffel Öl
- 1 Esslöffel Kreuzkümmelsamen
- 1 Teelöffel Kurkumapulver
- 1 große gelbe oder rote Zwiebel, geschält und gewürfelt
- 1 (5 cm) Stück Ingwerwurzel, geschält und gerieben oder gehackt
- 6 Knoblauchzehen, geschält und gerieben oder gehackt
- 2 große Tomaten, gehackt
- 1–2 Thai-, Serrano- oder Cayennepfeffer-Chilis, gehackt
- 2 Esslöffel Tomatenmark
- 1 Tasse (237 ml) Wasser
- 1 Esslöffel gemahlener Koriander
- 1 Esslöffel Garam Masala
- 2 Teelöffel grobes Meersalz
- 12 Tassen (360 g) dicht gepackter gehackter frischer Spinat
- 1 (14 Unzen [397 g]) Packung extrafester Bio-Tofu, gebacken und gewürfelt

**ANWEISUNGEN:**

a) In einer breiten, schweren Pfanne das Öl bei mittlerer bis hoher Hitze erhitzen.

b) Kreuzkümmel und Kurkuma dazugeben und ca. 30 Sekunden kochen, bis die Samen brutzeln.

c) Fügen Sie die Zwiebel hinzu und kochen Sie sie etwa 3 Minuten lang, bis sie braun ist, und rühren Sie dabei leicht um, damit sie nicht klebt.

d) Ingwerwurzel und Knoblauch hinzufügen. 2 Minuten kochen lassen.

e) Tomaten, Chilis, Tomatenmark, Wasser, Koriander, Garam Masala und Salz hinzufügen. Die Hitze reduzieren und 5 Minuten köcheln lassen.

f) Den Spinat hinzufügen. Möglicherweise müssen Sie dies in mehreren Portionen tun und weitere hinzufügen, wenn es zusammenfällt. Es wird so aussehen, als hätten Sie viel zu viel Spinat, aber kein Grund zur Sorge. Es wird alles einkochen. Vertrau mir!

g) 7 Minuten kochen lassen, bis der Spinat zusammengefallen und gar ist. Mit einem Stabmixer oder in einem herkömmlichen Mixer mixen.

h) Den Tofu hinzufügen und weitere 2 bis 3 Minuten kochen lassen. Mit Roti oder Naan servieren.

## 89. Bockshornklee-Spinat-Kartoffeln

Ergibt: 3 TASSEN (711 ML)

**ZUTATEN:**
- 2 Esslöffel Öl
- 1 Teelöffel Kreuzkümmelsamen
- 1 12-Unzen-Packung gefrorener Spinat
- 1½ Tassen getrocknete Bockshornkleeblätter
- 1 große Kartoffel, geschält und gewürfelt
- 1 Teelöffel grobes Meersalz
- ½ Teelöffel Kurkumapulver
- ¼ Teelöffel rotes Chilipulver oder Cayennepfeffer
- ¼ Tasse (59 ml) Wasser

**ANWEISUNGEN:**

a) Erhitzen Sie das Öl in einer schweren Pfanne bei mittlerer bis hoher Hitze.

b) Fügen Sie den Kreuzkümmel hinzu und kochen Sie ihn etwa 30 Sekunden lang, bis die Samen brutzeln.

c) Den Spinat hinzufügen und die Hitze auf mittlere bis niedrige Stufe reduzieren. Decken Sie die Pfanne ab und kochen Sie sie 5 Minuten lang.

d) Die Bockshornkleeblätter dazugeben, vorsichtig vermischen, den Deckel wieder aufsetzen und weitere 5 Minuten kochen lassen.

e) Fügen Sie die Kartoffel, Salz, Kurkuma, rotes Chilipulver und Wasser hinzu. Vorsichtig mischen.

f) Den Deckel wieder aufsetzen und 10 Minuten kochen lassen.

g) Nehmen Sie die Pfanne vom Herd und lassen Sie sie mit geschlossenem Deckel weitere 5 Minuten ruhen. Mit Roti oder Naan servieren.

## 90. **Knisternde Okra**

Ergibt: 4 TASSEN (948 ML)

**ZUTATEN:**
- 2 Esslöffel Öl
- 1 Teelöffel Kreuzkümmelsamen
- 1 Teelöffel Kurkumapulver
- 1 große gelbe oder rote Zwiebel, geschält und sehr grob gehackt
- 1 Stück Ingwerwurzel, geschält und gerieben oder gehackt
- 3 Knoblauchzehen, geschält und gehackt, gehackt oder gerieben
- 2 Pfund Okra, gewaschen, getrocknet, geputzt und geschnitten
- 1–2 Thai-, Serrano- oder Cayennepfeffer-Chilis, gehackt
- ½ Teelöffel Mangopulver
- 1 Teelöffel rotes Chilipulver oder Cayennepfeffer
- 1 Teelöffel Garam Masala
- 2 Teelöffel grobes Meersalz

**ANWEISUNGEN:**

a) Erhitzen Sie das Öl in einer tiefen, schweren Pfanne bei mittlerer bis hoher Hitze. Kreuzkümmel und Kurkuma hinzufügen. Etwa 30 Sekunden lang kochen, bis die Kerne zu brutzeln beginnen.

b) Fügen Sie die Zwiebel hinzu und kochen Sie sie 2 bis 3 Minuten lang, bis sie braun ist. Dies ist ein wichtiger Schritt für meine Okra. Die großen, stückigen Zwiebelstücke sollten rundherum braun werden und leicht karamellisieren. Dies wird eine köstliche Basis für das letzte Gericht sein.

c) Ingwerwurzel und Knoblauch hinzufügen. 1 Minute kochen lassen, dabei gelegentlich umrühren.

d) Fügen Sie die Okra hinzu und kochen Sie sie 2 Minuten lang, bis die Okra hellgrün wird.

e) Fügen Sie die Chilis, Mangopulver, rotes Chilipulver, Garam Masala und Salz hinzu. 2 Minuten kochen lassen, dabei gelegentlich umrühren.

f) Reduzieren Sie die Hitze auf eine niedrige Stufe und decken Sie die Pfanne teilweise ab. 7 Minuten kochen lassen, dabei gelegentlich umrühren.

g) Schalten Sie die Hitze aus und stellen Sie den Deckel so ein, dass er den Topf vollständig bedeckt. Lassen Sie es 3 bis 5 Minuten ruhen, damit alle Aromen absorbiert werden können.

h) Mit Koriander garnieren und mit braunem oder weißem Basmatireis, Roti oder Naan servieren.

## 91. Grillwurst mit würzigem Senf

Ergibt: 1 Portion

**ZUTATEN:**

- Milde italienische Wurst –
- Gegrillt
- Würziger Senf
- Spieße

**ANWEISUNGEN:**

a) Milde italienische Wurst grillen oder grillen; In Stücke schneiden und auf Spießen servieren, begleitet von dem würzigen Lieblingssenf.

## 92. Grillwurst und Portobello

Ergibt: 6 Portionen

**ZUTATEN:**

- 2 Pfund Tomaten; halbiert
- 1 großer Portobello-Pilz
- 1 Esslöffel Pflanzenöl
- 1 Teelöffel Salz; geteilt
- 1 Pfund süße italienische Würstchen
- 2 Esslöffel Olivenöl
- 1 Teelöffel gehackter Knoblauch
- ¼ Teelöffel Thymian
- ¼ Teelöffel frisch gemahlener Pfeffer
- 1 Pfund Rigatoni

**ANWEISUNGEN:**

a) Grill erhitzen

b) Tomaten und Pilze mit Pflanzenöl bestreichen und mit ½ Teelöffel Salz würzen. Bei mäßiger Hitze grillen, bis sie weich sind, 5 bis 10 Minuten für Tomaten und 8 bis 12 Minuten für Pilze, dabei einmal wenden. Würstchen 15 bis 20 Minuten grillen, dabei einmal wenden.

c) Tomaten würfeln; Segmentwürste und Pilze; Auf eine große Schüssel umstellen. Olivenöl, Knoblauch, den restlichen ½ Teelöffel Salz, Thymian und Pfeffer einrühren.

d) Mit heißen Rigatoni mischen.

## 93. Mit Champagner gegrillter Lauch

Ergibt: 4 Portionen

## ZUTATEN:

- 6 mittelgroße Lecks
- 2 Esslöffel Olivenöl
- 1 Tasse frischer Thymian; grob gewürfelt
- 2 Tassen Champagner
- 1 Tasse Hühnerbrühe
- 1 Tasse zerbröselter Feta-Käse
- Salz und Pfeffer; schmecken

## ANWEISUNGEN:

a) Schneiden Sie die Ober- und Unterseite des Lauchs ab und lassen Sie über dem weißen Teil des Lauchs etwa 5 bis 7 cm Grün übrig. Schneiden Sie von der Mitte des geschnittenen Lauchs mehrere Längsabschnitte in Richtung des Grüns des Lauchs ab. Lauch gründlich abspülen.

b) In einer großen Anbratenpfanne Olivenöl bei mäßiger Hitze erhitzen. Wenn das Öl heiß ist, Thymian hinzufügen und 1 Minute lang rühren. Lauch dazugeben und 3 Minuten anbraten, bis er auf mehreren Seiten leicht goldbraun ist. Champagner und Brühe hinzufügen und den Lauch ca. 8 Minuten köcheln lassen, bis er weich ist. Den Lauch aus der Pfanne nehmen und beiseite stellen.

c) Die in der Pfanne verbleibende Soße weiter köcheln lassen, bis sie auf die Hälfte reduziert ist. In der Zwischenzeit den Lauch über einem mäßig heißen Holzkohlefeuer 8 bis 10 Minuten lang grillen, dabei mehrmals wenden. Den Lauch vom Grill nehmen und der Länge nach halbieren.

d) Sofort servieren und jeder Portion etwas Feta und etwas von der reduzierten Soße hinzufügen

## 94. Auf Holzkohle gegrillte Shiitakes

Ergibt: 4 Portionen

**ZUTATEN:**

- 8 Unzen Shiitakes
- 1 Esslöffel Olivenöl
- 1 Esslöffel Tamari
- 1 Esslöffel Knoblauch, zerdrückt
- 1 Teelöffel Rosmarin, gehackt
- Salz und schwarzer Pfeffer
- 1 Teelöffel Ahornsirup
- 1 Teelöffel Sesamöl
- Edamame

**ANWEISUNGEN:**

a) Pilze abspülen. Stiele herausnehmen und entsorgen. Pilze mit den restlichen Zutaten vermischen und 5 Minuten marinieren. Grillen Sie die Kappen über Kohlen, bis sie leicht angebraten sind.

b) Mit Edamame garnieren.

## 95. Gegrilltes Konfetti-Gemüse

Ergibt: 4 Portionen

**ZUTATEN:**

- 8 Kirschtomaten; - halbiert, bis zu 10
- 1½ Tasse Mais vom Kolben geschnitten
- 1 süße rote Paprika; Julienne
- ½ mäßiger grüner Pfeffer; Julienne
- 1 kleine Zwiebel; Segmentiert
- 1 Esslöffel frische Basilikumblätter; gewürfelt
- ¼ Teelöffel abgeriebene Zitronenschale
- Salz und Pfeffer; schmecken
- 1 Esslöffel + 1 Teelöffel ungesalzene Butter

**ANWEISUNGEN:**

a) Alle Zutaten außer Butter in einer großen Schüssel vermischen; Vorsichtig mischen, um eine gute Mischung zu erzielen. Teilen Sie die Gemüsemischung in zwei Hälften. Legen Sie jede Hälfte in die Mitte eines 12 x 12 Zoll großen Stücks robuster Aluminiumfolie. Bestreichen Sie das Gemüse mit Butter

b) Bringen Sie die Ecken der Folie zusammen, um eine Pyramide zu bilden. zum Verschließen drehen.

c) Grillen Sie Folienpakete über mäßig heißen Kohlen 15 bis 20 Minuten lang oder so lange, bis das Gemüse zart ist. Sofort servieren.

**NACHTISCH**

## 96. Sizzler Fudge Brownie mit Schokoladensauce

**ZUTATEN:**
- 1 Tasse ungesüßtes Kakaopulver
- 1 Tasse Allzweckmehl
- 1 1/2 Tasse Kristallzucker
- 1 TL Salz
- 2 EL Vanillepulver/Essenz
- 1 Tasse geschmolzene Butter
- 4 Eier
- 250 Gramm dunkle Schokolade
- 2 EL geschmacksneutrales Öl

**ANWEISUNGEN:**

a) Diese Brownies sind saftig, weich, klebrig und haben eine zerknitterte Oberseite. Sie sind perfekte Brownies zum Genießen, einfach zuzubereiten und so lecker. Alles, was Sie tun müssen, ist, das Schritt-für-Schritt-Rezept zu befolgen, und schon werden auch Sie die perfekten Fudge-Brownies erhalten. Verwenden Sie in diesem Rezept immer hochwertige dunkle Schokolade. Verwenden Sie in allen Rezepten immer ungesüßtes Kakaopulver von guter Qualität. Sie können jedes Vanillepulver, jede Essenz oder jeden Extrakt verwenden.

b) Die Zutaten sind einfach. Machen wir die Fudge-Brownies. Hacken Sie zuerst die dunkle Schokolade. Ich verwende extra dunkle Schokolade. Deshalb verwenden Sie 1 1/2 Tasse Zucker, wenn Sie dunkle Schokolade oder halbsüße oder süße Schokolade verwenden, und fügen Sie dann den Zucker entsprechend hinzu. Ich werde die Brownies also mit Schokoladensauce auffüllen Dies alles wird den Geschmack ausgleichen. Sie überprüfen Ihre Pralinen und fügen dann nach Bedarf den Zucker hinzu. Wenn Sie braunen Zucker haben, verwenden Sie jeweils die Hälfte des braunen und weißen Zuckers.

c) Nachdem Sie die Pralinen grob gehackt haben, einige in große Stücke, andere in kleine, andere in Pulverform, stellen Sie sie beiseite und geben Sie die geschmolzene Butter und den Zucker in eine große Schüssel. Dann alle vier Eier darin aufschlagen und mit einem elektrischen Mixer verrühren. Sie können auch manuell verquirlen, aber in diesem Fall wird das Endergebnis nicht so gut sein. 5-6 Minuten bei hoher Geschwindigkeit mixen. Dann ist es luftig, blass und fast doppelt so groß und irgendwie cremig. Dann das Pflanzenöl hinzufügen und nochmals verrühren.

d) Anschließend alle trockenen Zutaten in dieselbe Schüssel sieben. Sieben Sie das Kakaopulver immer durch, da es viele Klumpen enthält. Nach dem Sieben die nassen und trockenen Zutaten gemäß den Anweisungen zum Schneiden und Falten vermischen. Denken Sie daran, dass wir kein Treibmittel hinzugefügt haben, daher muss die Luft, die wir in unsere feuchten Zutaten eingearbeitet haben, für klebrige Brownies erhalten bleiben. Falten Sie den Teig immer mit einem Spachtel mit sehr dünner Kante, damit beim Falten die Luft im Teig bleibt. Nicht mehr als m7x, sonst wird es schwierig.

e) Sobald alles vollständig vermischt ist, 3/4 der gehackten Schokolade dazugeben und erneut vorsichtig vermischen. In der Zwischenzeit den Backofen 15 Minuten auf 180 °C vorheizen.

f) Nehmen Sie dann eine Backform, fetten Sie sie mit Öl ein, legen Sie Butterpapier oder Pergamentpapier darauf und bestreichen Sie sie erneut. Nun den gesamten Teig in die Auflaufform füllen. Drücken Sie es dann mit einem Löffel oder Spatel flach und klopfen Sie es vorsichtig aus. Nun die restlichen gehackten Pralinen darüber geben und gleichmäßig verteilen.

g) Lassen Sie es nun im vorgeheizten Backofen und backen Sie es 50 Minuten lang bei 180 °C oder je nach Backofen. Es kann sein, dass es in Ihrem Ofen mehr oder weniger 5 Minuten dauert, also behalten Sie es im Auge. Sobald es fertig ist, nehmen Sie es aus dem Ofen und es wird in der Mitte weich und klebrig aussehen, aber backen Sie es nicht noch einmal, es wird perfekt sein, wenn es abgekühlt ist. Lassen Sie es 10 Minuten in der Auflaufform, nehmen Sie es dann am Butterpapier heraus und lösen Sie es leicht. Lassen Sie es 15–20 Minuten abkühlen und schneiden Sie es dann in die gewünschte Form und Größe.

h) Sie können es pur oder mit Schokoladensauce servieren. Für Schokoladensauce schauen Sie sich mein zuvor auf meinem Konto gepostetes Rezept an und Sie werden es dort bekommen. Aber wir machen gerade einen Sizzler-Brownie, also werde ich meinen Sizzler-Teller auf hoher Flamme halten und kochend heiß machen. Gießen Sie dann die Schokoladensauce darüber und hören Sie das zischende Geräusch, das Sie lieben werden. Anschließend die Browniestücke darauflegen und mit Vanilleeis belegen. Es ist völlig optional, schmeckt aber am besten, wenn es so serviert wird.

i) Anschließend noch etwas Schokoladensauce darüber träufeln und servieren. Genießen Sie diesen Sizzler-Fudge-Brownie im Restaurant-Stil mit Ihrer Familie und Freunden.

## 97. Suji und Obst-Grill-Pudding

Ergibt 4 Portionen

**ZUTATEN:**
- 1 Esslöffel vegane Margarine
- ¼ Tasse ungesalzene gegrillte Cashewnüsse
- ¼ Tasse goldene Rosinen
- 1 Tasse Suji
- ½ Tasse Zucker
- 1 1/2 Tassen Ananas-, Mango- oder weißer Traubensaft
- ¼ Tasse Ananasstücke
- ¼ Teelöffel gemahlener Kardamom

**ANWEISUNGEN:**

a) Erhitzen Sie die Margarine in einer mittelgroßen Bratpfanne bei schwacher Hitze.

b) Cashewnüsse, Rosinen und Suji etwa 5 Minuten rösten, bis sie duften, dabei regelmäßig umrühren.

c) Unter ständigem Rühren weiter köcheln lassen, nachdem Zucker und Ananassaft hinzugefügt wurden.

d) Noch ein paar Minuten kochen, bis ein dicker Pudding entsteht, dann die Ananasstücke und den Kardamom hinzufügen.

e) Den Pudding zum Servieren gleichmäßig auf vier kleine Dessertschalen verteilen.

## 98. Gegrillter Bananensplit

Macht: 6

**ZUTATEN:**

- 1/2 Tasse Butter, geschmolzen
- 1/2 Tasse hellbrauner Zucker
- 6 feste Bananen, der Länge nach aufgeschnitten
- 1 Liter Vanilleeis
- 1 Tasse heißer Fudge, erwärmt

**ANWEISUNGEN:**
a) Den Grill auf mittlere bis hohe Hitze vorheizen.
b) Butter und braunen Zucker in einer 9 x 13 Zoll großen Auflaufform vermischen und gut umrühren.
c) Bestreichen Sie die Bananen mit der Buttermischung, um sie vollständig zu bedecken.
d) Mit der flachen Seite nach unten auf dem Grill 4 bis 6 Minuten garen, oder bis sich an den Rändern Blasen bilden. Mit einem Spatel wenden und weitere 2 bis 3 Minuten kochen, bis es leicht gebräunt ist.
e) In jede der 6 Schalen zwei gekochte Bananenstücke legen, mit Eis belegen und mit heißem Fudge beträufeln.
f) Sofort servieren.

## 99. Schokoladen-Brownie-Sizzler

**ZUTATEN:**
**FÜR BROWNIE**
- 1/2 Puderzucker
- 1/4 Tasse brauner Zucker
- 2 Eier
- 1/2 TL Vanille-/Schokoladenessenz
- 1/2 Tasse 75 Gramm Butter
- 3/4 Tasse Mehl
- 1/4 Tasse Kakaopulver
- 2 EL Kochschokoladenstücke
- 3 EL Milch
- 1 TL gehäuftes Backpulver

**FÜR SCHOKOLADENSAUCE**
- 2 EL Butter
- 2 EL Walnüsse/Mandeln (optional)
- 3 EL Puderzucker
- 3 EL Kochschokolade/Kokospulver
- 3 EL Maissirup
- 3 EL frische Sahne
- 8/8 quadratische Backform
- 2,3 Kugeln Vanilleeis

**ANWEISUNGEN:**
a) Mehl, Kokospulver und Backpulver zusammensieben.
b) Nehmen Sie nun eine Schüssel, geben Sie alle Zutaten (einschließlich Schokoladenstückchen und Milch) hinzu und schlagen Sie alles 3 Minuten lang bei mittlerer Geschwindigkeit.
c) Überprüfen Sie nun, ob die Brownie-Mischung cremig ist, fügen Sie dann Milch hinzu und rühren Sie sie mit einem Spatel um.
d) Gießen Sie nun die Mischung in eine 8/8-Quadrat-Brownie-Pfanne und verteilen Sie sie mit einem Spatel.
e) Geben Sie nun Schokoladenstücke darüber und vermischen Sie alles im Uhrzeigersinn.

f) Heizen Sie den Ofen 12 Minuten lang auf 180 °C vor, gießen Sie dann die Brownie-Mischung auf die mittlere Schiene und backen Sie sie 27 bis 30 Minuten lang.

g) Behalten Sie den Brownie im Auge, dann überprüfen Sie ihn nach 27 Minuten mit Spießen/Zahnstochern. Wenn der Spieß keine Mischung hat, ist er fertig, aber wenn er Minuten hat, backen Sie ihn noch 3 bis 5 Minuten im Ofen, wenn er fertig ist, nehmen Sie den Brownie heraus und Lassen Sie sie 5 bis 10 Minuten lang kochen und klappen Sie dann das Butterpapier auf diese Weise heraus.

h) Nun den Brownie aufschneiden und 20 Minuten im Kühlschrank abkühlen lassen.

i) In der Zwischenzeit müssen wir die Brownie-Sizzling-Sauce zubereiten und nun die beiseite gelegten Zutaten einsammeln.

j) Erhitzen Sie die Pfanne, geben Sie alle Zutaten zusammen und kochen Sie sie 2 Minuten lang auf kleiner Flamme. Rühren Sie weiter, bis die Konsistenz so dick ist.

k) Erhitzen Sie die Pfanne, geben Sie alle Zutaten zusammen, kochen Sie sie dann 2 Minuten lang und beginnen Sie mit einem Spatel/Löffel. Wenn die Konsistenz dick ist, schalten Sie die Flamme aus.

l) Den Brownie abkühlen lassen und anschneiden.

m) Erhitzen Sie die Heizplatte/eine beliebige runde Kuchenform und bestreichen Sie sie mit etwas Öl/Butter. Fügen Sie dann eine halbe Schokoladensauce hinzu, fügen Sie dann Brownie hinzu und geben Sie dann Vanilleeis darauf. Geben Sie heiße Schokoladensauce darüber.

n) Ich habe eine runde Brutplatte, auf der ich mittelgroße bis kleine Brownie-Stücke schneiden kann.

o) Ein leckerer, heißer und kühler Brownie-Sizzler im Restaurant-Stil ist bereit zum Servieren zu Hause – genießen Sie ihn.

## 100. Gajar Halwa und Sponge Sizzler

Macht: 4

**ZUTATEN:**
- Vanille-Biskuitkuchen 1 (6" Durchmesser)
- Schokoladen-Biskuitkuchen 1 (6" Durchmesser)
- Orangensaft 1/2 Tasse
- Gajar Halwa 2 Tassen
- Rabdi 2 Tassen
- Silberwarq 2 Blätter
- Mandeln gesplittert 12-15

**ANWEISUNGEN:**
Heizplatte über offener Flamme vorheizen. Biskuitteig waagerecht halbieren. Platzieren Sie die Ringform über einer Hälfte der Vanille- und Schokoladenkuchen und schneiden Sie mit Hilfe eines scharfen Messers runde Scheiben ab. Befeuchten Sie die Kreise mit Orangensaft
Legen Sie den Schokoladenbiskuit rund in die Ringform am Boden. Eine dicke Schicht Gajar Halwa darüber verteilen und die Oberfläche glätten. Legen Sie den Vanilleschwamm rund auf die Gajar-Halwa-Schicht und drücken Sie ihn leicht an.
Verteilen Sie erneut eine dicke Schicht Gajar Halwa. Glätten Sie die Oberseite. Wenn Sie möchten, können Sie dieses Sandwich einige Zeit im Kühlschrank aufbewahren.
Falten Sie ein Blatt Aluminiumfolie. Legen Sie die erhitzte Brutzelplatte auf den Holzsockel. Legen Sie die gefaltete Folie über den Teller. Legen Sie nun das Kuchensandwich über die Folie.
Lösen Sie das Sandwich vorsichtig aus der Ringform. Gießen Sie etwas Rabdi über das Sandwich. Mit Silberfolie verzieren.
Mandelblättchen darüberstreuen und sofort servieren.

## ABSCHLUSS

Der Titel „Sizzlers" kann als das sättigendste, wohltuendste, vollständigste und schönste Lebensmittel ausgezeichnet werden. „Aus einem einfachen Grund: Sobald man es sieht, möchte man alles essen! Fair genug, es gibt so viel Essen auf einem Teller, dass man einfach das Gefühl hat, nichts anderes in seinem Leben zu brauchen, aber probieren Sie eines dieser 100 Rezepte aus und Sie werden nie zurückblicken! Genießen.

Ingram Content Group UK Ltd.
Milton Keynes UK
UKHW020624210623
423802UK00010B/88